salve o
MATRIARCADO
manual da mulher búfala

Mãe Flavia Pinto

Rio de Janeiro
2021

Copyright © Mãe Flavia Pinto, 2020
Direitos de publicação © Editora Aruanda, 2021

Direitos reservados e protegidos pela lei 9.610/1998.

Todos os direitos desta edição reservados à
Fundamentos de Axé Editora
um selo da EDITORA ARUANDA EIRELI.

2ª reimpressão, 2022

Coordenação Editorial Aline Martins
Preparação Editora Aruanda
Revisão Amle Albernaz
Barbara Pinheiro
Keila Vieira Gomes
Editora Aruanda
Design editorial Sem Serifa
Capa e ilustrações Vivian Campello (@lomblinhas)
Impressão Editora Vozes

Texto de acordo com as normas do Novo
Acordo Ortográfico da Língua Portuguesa
(Decreto Legislativo nº 54, de 1995)

Dados Internacionais de Catalogação na Publicação (CIP)
de acordo com ISBD
Bibliotecário Vagner Rodolfo da Silva CRB-8/9410

P659s   Pinto, Mãe Flavia
      Salve o matriarcado: manual da mulher
  búfala / Mãe Flavia Pinto. – Rio de Janeiro,
  RJ: Fundamentos de Axé, 2021.
      224 p. ; 15,6 cm x 22,8 cm.

  Inclui bibliografia.
  ISBN: 978-65-87708-06-5

      1. Religiões africanas. 2. Não-ficção religiosa.
  3. Matriarcado. 4. Feminismo negro. I. Título.

                                        CDD 299.6
2021-179   CDD 299.6

      Índice para catálogo sistemático:
      1. Religiões africanas   299.6
      2. Religiões africanas   299.6

[2021]
IMPRESSO NO BRASIL
https://editoraaruanda.com.br
contato@editoraaruanda.com.br

*Companheira, me ajuda,
que eu não posso andar só.
Eu, sozinha, ando bem,
mas com você ando melhor!*

— *Mãe Flavia Pinto* —

Apresentação

Busquei, como nos meus dois livros anteriores, usar uma linguagem prática, objetiva, não acadêmica e o mais popular possível, visando a alcançar as mulheres pobres, faveladas, periféricas e em situação de cárcere. Sei que esses grupos não poderão deixar de comprar alimento para os filhos(as) para comprar o meu livro. Então, busco desenvolver ferramentas alternativas para fazer com que ele chegue até essas mulheres, como doações (fazemos doações regularmente no presídio e em palestras), empréstimos, palestras, webinários, seminários, vídeos, e-books, *podcasts*, disponibilizando conteúdos em braile (em um futuro próximo) e em formato de audiolivros, enfim, tudo o que de fato seja eficaz para alcançá-las, pois entendo que são pessoas marcadas pelos machismos da forma mais cruel e penalizadora que podemos imaginar. Falo, neste livro, para mulheres que têm a mesma origem e histórias de vida semelhantes às minhas.

Outro motivo desta escrita é que percebo, em muitas ativistas, um hiato entre a teoria e a prática. Muitas têm discursos teóricos refinados, bem articulados, mas na prática não acumulam experiência em socorrer mulheres vitimadas pelo sistema patriarcal, tampouco conseguem se comunicar com as mulheres mais simples do povo, ou sequer se preocupam com isso. Sustentam discursos lindos, porém de difícil compreensão para uma faxineira, uma lavadeira, uma cozinheira ou uma presidiária, nem sabem o que fazer quando estão diante de uma vítima de violência real do sistema capitalista opressor.

Por isso, meu lugar de fala é o de matriarca e gestora pública, que teoriza, escreve, pesquisa e estuda, mas, acima de tudo, é o de uma mulherista africana ocupando seu papel tribal ancestral de ofertar acolhimento por meio de colo, alimentação, abrigo, escuta, rezas, benzimentos e energização em conjunto com a conscientização e a formação feminista. Em minha experiência de mais de duas décadas à frente de um terreiro, percebi que o ato de abraçar, amparar, cuidar e proteger salva mais vidas do que somente teorizar e criticar. Embora compreenda e defenda a importância da teoria, meu lugar é o de mãe, e é como mãe sacerdotal que escrevo este manual. Espero que gostem!

Sumário

Prefácio 13

Nota da autora 17

1. Nossos passos vêm de longe 23
   1.1 Mulheres tribais no período pré-colonial: como era ser mulher no período anterior à invasão eurocristã? 24

2. Expansão capitalista e o domínio dos corpos das mulheres . . 29
   2.1 Breve histórico do trabalho doméstico não remunerado 36

3. Matriarcado × patriarcado 43
   3.1 O berço de desenvolvimento setentrional 47
   3.2 O berço de desenvolvimento meridional 48
   3.3 Sociedades matriarcais 51
   3.4 Matriarcado e ancestralidade 55

4. Conceitos básicos da luta feminista 59
   4.1 Gênero 61

4.2 Misoginia 62

4.3 Sexismo 62

4.4 Machismo 62

4.5 Patriarcado 63

    4.5.1 Adultério *63*

    4.5.2 Violência no lar *64*

    4.5.3 Estupro *64*

    4.5.4 Violência psicológica *66*

    4.5.5 Violência patrimonial e marital *66*

4.6 Orientação afetiva e sexual 67

    4.6.1 Cisgeneridade (ou cis) *67*

    4.6.2 Transexualidade *67*

    4.6.3 Bissexualidade *68*

4.7 Relacionamento abusivo 68

5. Saúde emocional de nossas mães 73

6. Micromachismos e violência masculina 83

6.1 Micromachismo coercitivo 93

    6.1.1 Intimidação *94*

    6.1.2 Controle do dinheiro *94*

    6.1.3 Não participação doméstica *95*

    6.1.4 Uso abusivo do espaço físico e do tempo para si *95*

    6.1.5 Insistência abusiva *96*

    6.1.6 Apelação da superioridade da lógica varonil *96*

    6.1.7 Apreensão repentina ou abandono do comando da situação *97*

6.2 Micromachismo encoberto 98

    6.2.1 Abuso da capacidade feminina de exercer cuidados *99*

    6.2.2 Criação de falta de intimidade *102*

    6.2.3 Pseudo-intimidade *107*

    6.2.4 Repúdios *109*

    6.2.5 Paternalismo *112*

6.2.6 *Manipulação emocional* 112

6.2.7 *Autoindulgência e autojustificação* 115

6.3 Micromachismos de crise 118

6.3.1 *Hipercontrole* 119

6.3.2 *Resistência e distância passivas* 119

6.3.3 *Silenciamento de críticas e negociações* 120

6.3.4 *Promessas e mérito* 120

6.3.5 *Vitimismo* 121

6.3.6 *Procrastinação* 122

6.3.7 *Piedade* 123

6.4 Efeitos dos micromachismo na saúde da mulher e da família . 124

6.5 Considerações finais sobre os micromachismos 128

6.6 Recado aos machos-alfa ("Barba Azul") 134

7. Rivalidade × amizade feminina 139

8. Comportamento sexual e afetivo feminino 151

8.1 Afeto 161

9. Maternidade 167

10. Mulheres negras 179

11. Cenário político para mulheres 189

12. Manual prático da mulher atual e feliz 199

Posfácio 213

Referências bibliográficas 217

Playlist 221

Prefácio

Keila Vieira Gomes[1]

Afinal, para que serve um "manual da mulher búfala"? Seria uma ressignificação daqueles manuais dos anos 1950 que continham regras "essenciais" sobre como deveríamos nos comportar enquanto mulheres e esposas? *#sóquenão*

Este livro vai além de regras comportamentais e de felicidade compostas, majoritariamente, para satisfazer os homens e a sociedade que os coloca em seu centro (falocêntrica). Com uma boa dose de ironia, Mãe Flavia desconstrói tais regras e sugere como podemos acabar com as limitações que ainda nos são impostas, rompendo todas as amarras que a sociedade capitalista impõe à identidade de gênero feminina — biologicamente estabelecida como feminina ou não —, sobretudo às mulheres pretas.

Devemos resgatar nossa tradição ancestral do sagrado feminino que foi retirada de nós pelo "senhor capataz ocidental" como estra-

---

[1] Keila Vieira Gomes atua como professora de História da rede pública municipal do Rio de Janeiro. É batuqueira no grupo Maracatu Baque Mulher RJ/ZO, militante do Femnegras da Zona Oeste (RJ) e aprendiz do coco de roda.

tégia colonizadora e devido ao temor que o patriarcado tem do poder das mulheres!

Quantas irmãs já viveram, em algum momento, um relacionamento abusivo? Quantas vivenciaram uma disputa feminina estimulada por esse mundo misógino que insiste em incentivar a rivalidade entre as mulheres, jogando uma contra a outra, quase sempre por causa de um homem?

Em um contexto de final de ciclo abusivo, conheci Mãe Flavia Pinto conjuntamente com meu ingresso (ou chamado) ao Maracatu Baque Mulher, um grupo de resistência e cultura negra nordestina — fundado pela Mestra Joana Cavalcante, no Recife, que chegou à extrema Zona Oeste carioca em 2018 — formado somente por mulheres periféricas. Você, leitor, pode achar uma baita coincidência, mas quem é do axé sabe que essas coincidências não existem! Essa reconexão ancestral resgatou em mim a noção do matriarcado.

Repensei o desperdício de energia que a competitividade feminina causa e como a falta de amor-próprio nos distancia do sagrado feminino. Como diz seu Zé dos Malandros: "Qual foi o homem que não veio de um útero?".

O que fizeram com as bruxas, que na verdade eram as parteiras, as profundas conhecedoras de ervas e oráculos das religiões não cristãs? Foram incendiadas e mortas para serem silenciadas. Eram mulheres que não se enquadravam no padrão imposto pelo capitalismo nascente que, em essência, é racista. Profanaram nosso corpo, nosso prazer, nosso ventre, nos oprimiram dentro dessa sociedade patriarcal que é sustentada pelo capital.

Colocaram na cabeça das mulheres a ideia de que era necessário um homem para a sua felicidade. Que o padrão estabelecido era esse, e fim de papo! Por muito tempo, nossa emancipação liberal nos "condenou" a sermos inimigas de nossas irmãs, nos afastando da dororidade, da empatia, da dor em sermos mulheres.

Impuseram a nós a ideia de multipotencialidade, de darmos conta de tudo (síndrome da Mulher Maravilha), de que somos capazes de "equilibrarmos pratos", enquanto nossos companheiros sequer avançaram em pautas simples, como parar de nos matar, estuprar e agredir. Eles seguem livres para serem machos!

Este livro não é só para nós. Ele serve para eles, que também são afetados pelo machismo imposto pela "broderagem" tóxica, sustentado por uma lógica de masculinidade que não dá mais certo. Este manual é adequado para *hackear* esse sistema hegemônico que nunca nos serviu, e que agora não nos serve mais, mesmo!

Conheci a Flavia Pinto socióloga, a Flavia militante, a mulher que fazia um trabalho sensacional no ambiente de encarceramento feminino. Uma mulher tão maravilhosa, que consegue, com seu olhar, transmitir uma força de liderança "iansânica" e, ao mesmo tempo, um sentimento de identificação com a sua rotina tão parecida com a minha, com a de minha mãe, com a de minhas amigas... enfim, com a rotina das mulheres contemporâneas que cuidam do cotidiano dos filhos (biológicos ou não) e da casa, que vai ao samba e se diverte, que investe na produção acadêmica e tem de administrar os mesmos problemas que eu, você e tantas mulheres normais...

Esse livro é mais que um manual, é um manifesto! As mulheres e os homens podem — e devem — lê-lo e defini-lo como quiserem, pois esse livro não pretende dar respostas prontas, mas caminhos possíveis.

O que não dá mais é aguentar essas estruturas machistas sem, no mínimo, rachá-las, e, para isso, não existe uma forma mais eficaz que conversar sobre nós de uma maneira "escurecida", "jogando a real", como ela mesmo fala.

Lélia Gonzalez, nossa mais velha, diz:

"Ao reivindicar nossa diferença enquanto mulheres negras, enquanto amefricanas, sabemos bem o quanto trazemos em nós as marcas da exploração econômica e da subordinação racial e sexual. Por isso mesmo, trazemos conosco a marca da libertação de todos e todas. Portanto, nosso lema deve ser: organização já!"

Prefácio

Não fui contemporânea de Lélia, mas, por sorte ou destino, sou contemporânea de uma mulher corajosa como a orixá que está em seu ori, Oyá, a búfala-mãe!

Lendo este livro, fico feliz em saber que existe um manual que mostra o que é necessário para avançarmos na superação das dores e dissabores das mulheres, mães, periféricas ou não.

Que sempre honremos a sua coroa!

Que sempre escutemos a sua voz!

"Darrum" os tambores, porque não retrocederemos!

Nossa busca por respeito, amor, equidade e felicidade está só começando. Para esta luta, como arma para a libertação das mulheres, ganhamos este manual de presente da búfala-mãe!

Mergulhemos nele, e ninguém solta a mão de ninguém!

Nota da autora

A fim de não desviarmos o foco e incorrermos em interpretações equivocadas, pedimos bastante atenção às reflexões trazidas neste livro no que tange à ideia de prostituição doméstica. Muitas mulheres podem se sentir ofendidas com este termo e, em que pese o fato de ele se sustentar histórica e economicamente, isso não nos dá o direito de usá-lo para agredir ou ofender alguém.

Peço este cuidado, principalmente, às manas mais jovens, que estão tendo a oportunidade de crescer em um mundo no qual o debate feminista está mais acessível, possibilitando que tenham esta compreensão já na adolescência. No entanto, algumas mulheres, estimuladas pelo calor da juventude, ao lerem conceitos como este, reconhecem suas mães, avós, tias e irmãs nesse lugar e põem-se a criticá-las, acusando-lhes de escravas do marido/pai/padrasto, em vez de confortá-las e apoiá-las. Sem perceber, acabam por colocar essas mulheres em posição de dupla opressão, pois, além do marido e da sociedade, também existe a filha, ou outra parente, dita feminista, exercendo o papel de algoz.

É preciso calma, respeito, sabedoria, acolhimento e formação. Ao ser agressiva com uma mulher devido à condição social dela de submissão ao sistema patriarcal, é preciso entender que muitas vezes ela sequer reconhece que está submetida a várias formas de opressão, considerando seu sofrimento e sua sobrecarga normais. É preciso respeitar sua saúde emocional e acolhê-la, orientando aos poucos, em doses homeopáticas, principalmente quando esta mulher for sua mãe ou irmã. É preciso se aproximar afetuosamente e conversar sobre seus direitos para que ela tenha tempo de se organizar financeiramente, já que este é um dos principais motivos de as mulheres se manterem em situação de submissão, sobretudo quando têm filhos.

Acho inconsequente e leviano criticar uma mulher sem se colocar no lugar dela, sem oferecer ajuda estrutural, material e psicológica que possibilite, de fato, que ela rompa o ciclo da violência e da dependência econômica. É preciso formação feminista, e não gritos e acusações, simplesmente, para enfrentarmos o patriarcado. Vejo muitas mulheres que berram, mas não transformam. Na rua e nas redes sociais, são ativistas, mas em casa são tiranas com as mães, ou se calam e compactuam com atitudes machistas dos homens e das mulheres que escolhem proteger.

É preciso compreender, também, que ficar gritando no ouvido de uma mulher para que ela se separe não ajuda em nada. O patriarcado não será vencido, somente, com um número cada vez maior de separações e divórcios. Cada caso é um caso, e precisamos entender as especificidades de cada situação para encontrarmos o melhor caminho para ajudar.

As ações concretas de apoio à emancipação financeira de uma mulher — como oferecer ajuda monetária e indicar ONGs e equipamentos públicos que atendam mulheres em situação de violência, como as redes de abrigo — são atitudes eficientes que preservam a vida dessa mulher e realmente a ajudam a se livrar do agressor. *#seligamana #ficaadica*

Em minha experiência de 22 anos como matriarca, socorrendo, acolhendo e orientando mulheres, pude perceber que muitas que foram aconselhadas por amigas e parentes a se separar, sem planejar essa separação, não tiveram apoio material e físico que lhes possibilitasse ter moradia e sustento depois do fim do casamento. Quem critica deve saber ajudar, e não apenas falar por falar, por estar sofrendo de "machofobia",[1] querendo que a mana, que talvez tenha menos alicerce emocional, tome uma atitude. Muitas vezes, mulheres cobram de outras mulheres que tenham posturas e atitudes que elas mesmas não conseguem ter. Separação é um processo doloroso, com efeitos e impactos que se estendem por anos na vida da família, das mulheres e das crianças, que deve, portanto, partir de uma decisão amadurecida e organizada.

É preciso que se entenda também que o feminismo não é uma guerra entre macho e fêmea. Algumas mulheres têm seus motivos para odiar os homens, outras têm o direito de não odiar e lutar para conscientizá-los acerca da ignorância do machismo, por mais difícil que isso possa parecer.

Muitas mulheres compactuam, silenciosamente, com abusos machistas em seus relacionamentos pessoais e se mantêm caladas nos espaços sociais. No entanto, quando ocorre um caso de abuso ou traição com outras mulheres, dizem: "Eu não aturo, tem que largar. Cara safado, canalha!". Contudo, cada uma de nós sabe, exatamente, o quanto e por quantos anos elas compactuaram com o machismo praticado pelos homens mais próximos.

É importante ressaltar que, ao redor de todo machista, há, geralmente, um círculo de mulheres que o protege. Normalmente, são familiares dele, e frequentemente são críticas com os machistas da rua, mas bem menos — ou quase nada — com os patriarcas de dentro de casa.

Então, mana, se você ocupa esse lugar, aprenda a pegar leve. Você não pode se calar diante das atitudes machistas dos homens de sua

---

[1] Aversão, ou ódio, a homens masculinos.

Nota da autora

própria casa e de sua família enquanto critica os demais. Por isso, reforço a importância da formação feminista, pois não basta simplesmente ouvir um pensamento ou ler um livro para romper o ciclo da violência de séculos.

É preciso concentrar esforços para que esta mudança de consciência seja praticada em casa, com nossas crianças, e na rua, protestando muito e guerreando por mais mulheres eleitas. É preciso aumentarmos as políticas públicas que possibilitem à mulher romper sua dependência econômica do macho — como a garantia de creches, inclusive com horário noturno. Uma conquista como essa possibilitaria que mais de 30% das mulheres pudessem entrar, imediatamente, para o mercado de trabalho formal e empreendedor, permitindo que se libertassem da condição de "prostitutas domésticas".[2]

Precisamos reforçar a compreensão de que ser feminista é lutar contra a opressão que muitas mulheres sofrem. Todavia, não podemos esquecer que a maior parte dessas mulheres é pobre, tem baixo nível de escolaridade e luta mais para ter o que comer do que contra a opressão que sofrem dentro de casa. Nosso desafio é alcançar a mulherada que não vai ler sequer um livro feminista, nem participar de passeatas, tampouco ouvir *podcasts*. Quais potentes estratégias de alcance, de comunicação e de transformação devemos utilizar?

Como gestora pública, tenho a certeza de que não é a crítica ácida que irá ajudá-las. Nossa luta não é umas contra as outras, mas contra o sistema hegemônico vigente. Nosso inimigo tem nome, raça e poder. É desperdício de energia acusar a mana de otária, boba ou amélia[3] quando ela é agredida, sofre uma traição ou outras formas de violência. Às vezes, a mulher que foi oprimida, torturada, abandonada, ainda é importunada pela fala insistente de pessoas próximas, enquanto

2 Esse conceito será explicado e elaborado nos capítulos a seguir.
3 Mulher que é submissa e aceita tudo do homem. Cf. AI, que saudades da Amélia. Compositores: Mário Lago e Ataulfo Alves. Intérprete: Ataulfo Alves. Rio de Janeiro: Odeon, 1942. Disco 48RPM.

o macho — que normalmente está bem longe, quase sempre com as amantes — não ouve críticas nem julgamentos. Isto não é justo conosco! Não aumente o sofrimento das manas, ajude-as a alcançar a consciência feminista. Não é tão fácil quanto parece, pois eu mesma levei anos para compreender tudo o que hoje sei.

Não dá para ser feminista e não ser anticapitalista, antirracista e anti-homofóbica. Temos que transformar as estruturas sociais por meio da gestão pública e sacudir as estruturas do Estado patriarcal, pois só assim erradicaremos o machismo de nossa sociedade.

Nossos passos vêm de longe

Para falar das mulheres na Pré-História, precisamos pôr em questionamento a forma como foram educadas nossas mães, avós, bisavós e toda a nossa linhagem ancestral matriarcal em diferentes espaços de convivência social (em casa, na escola, pela cultura dominante e pela religião). Isto significa pensar: por quem foram escritos os livros escolares de nossa infância e de nossas crianças na atualidade? Quem os escreveu relatou a ótica do opressor ou dos povos tribais que foram sequestrados, escravizados, torturados, estuprados, expropriados de suas terras de origem e que sofreram genocídio étnico?[1]

É preciso se perguntar a que grupo social, étnico e econômico pertencem aqueles que decidem o projeto político-pedagógico usado em sala de aula, principalmente nas escolas públicas, onde se educa — ou deseduca — a maior parte da população, principalmente nos países pobres que, em sua maioria, foram invadidos pelos grupos eurocristãos. Resumindo, as pessoas que estão no poder político de seu país se parecem com você? Quantas são mulheres? Quantas têm a cor de sua pele? Quantas foram ou são pobres? Elas têm a mesma origem de nascimento que a sua? Foram educadas em

---

1   Assassinato em massa de um grupo social.

escolas públicas? Utilizaram transporte público por quantos anos de suas vidas? Receberam tratamento em hospitais públicos? Moraram de aluguel ou de favor por algum período da vida? Precisaram de uma creche pública para deixar seus filhos e, só então, conseguir trabalhar?

Se a maior parte das respostas foi negativa, significa que quem está governando a sociedade que você habita pode estar absolutamente indiferente aos quadros de violência e morte a que está submetido o seu grupo social e étnico, seja ele indígena, negro, favelado, feminino, bissexual, lésbico, travesti, transexual etc. As respostas a essas perguntas apontam para a necessidade urgente de uma mudança logística: a substituição dos parlamentares e políticos que governam sua cidade, seu estado, seu país e o mundo em que vivemos.

Em tempos atuais, com índices cada vez mais altos de crimes cometidos contra as mulheres, torna-se fundamental nossa compreensão sobre os verdadeiros motivos que levam à produção e reprodução de comportamentos tão violentos, que permitem números alarmantes de práticas criminosas, como estupro, agressão física, psicológica, patrimonial e emocional, pedofilia, abuso sexual marital e feminicídio.

Já não podemos viver sem lutar por nossa liberdade. Já não podemos silenciar a dor de nossas ancestrais. Já não podemos ser indiferentes à dor da outra mulher que agoniza em busca de socorro. Precisamos reagir, conhecer a luta das mulheres que nos antecederam nesta batalha e dar continuidade, nos cuidando, nos preservando, nos protegendo, mas lutando.

Convoco você à luta, mana! Venha com a gente!

1.1 Mulheres tribais no período précolonial: como era ser mulher no período anterior à invasão eurocristã?

Nas sociedades tribais, as mulheres desempenhavam um papel de profundo respeito e importância dentro dos grupos sociais. Muitas acumulavam a função de oráculo, rezadeira, sacerdotisa, curandeira, parteira, conselheira, caçadora, coletora, guerreira, artesã, mãe, avó, bisavó e tataravó.

Em virtude das importantes funções que exerciam para o desenvolvimento do grupo social ao qual pertenciam, as matriarcas eram extremamente respeitadas, preservadas e protegidas. Eram elas que conheciam os segredos das ervas, folhas e raízes que curavam, usando a medicina tradicional, pois não havia hospitais ou farmácias na época. Elas traziam os seres humanos ao mundo nos procedimentos de parto; conheciam os ciclos da natureza e diziam o melhor momento para plantar e colher. Desta maneira, era mantido o equilíbrio ambiental e a natureza seguia nos dando o que comer e beber em abundância. As matriarcas se comunicavam com o Sagrado, com as forças divinas, para aconselhar os homens se eles deveriam ir ou não à caça, à guerra, bem como em todas as decisões políticas e territoriais. Também havia mulheres guerreiras, caçadoras e rainhas.

Em algumas tribos, os homens caçadores e guerreiros tinham o costume ritualístico de, antes de ir à caça ou à guerra, bater a cabeça no chão, aos pés da árvore onde sua mãe derramou o sangue durante o parto para que ele viesse ao mundo. Nesse lugar, sua genitora enterrava o umbigo do filho e, assim, este homem se tornava mais forte cada vez que retornava ao local do nascimento, invocando uma conexão com a linhagem matriarcal ancestral dele.

Em um único ato, ele reconhecia que todo homem habitou o corpo de uma mulher antes de vir ao mundo e que, por isso, ele deveria reverenciá-la e protegê-la. Reconhecia também a importância da natureza, pois retornava aos pés da árvore sagrada que recebeu o sangue umbilical e que possibilitou a ele passar pelo portal da vida. A tradição matriarcal ensinava a esse homem o poder e a força do sagrado feminino e da Mãe Natureza como formadora de sua existência e da importância da fêmea para a continuidade da preservação do ciclo da vida.

Nas tradições antigas, ele era ensinado a respeitar e honrar sua linhagem matriarcal e, consequentemente, tratava sua esposa e companheira de jornada com a mesma dignidade com que tratava sua mãe.

Nossos passos vêm de longe

Assim, as mulheres se relacionavam com homens que honravam sua descendência matriarcal e que estavam, assim, em equilíbrio com a natureza, permanecendo abençoados pela sagrado feminino.

A modernidade destruiu essa tradição e, hoje, precisamos escolher a dedo com quem nos relacionamos — quase precisamos da ajuda de uma lupa — e, poucas vezes, encontramos homens que honram a linhagem matriarcal ancestral deles. Isso significa que, se um macho faz a uma mulher algo que desonre suas mães ancestrais, ele não é digno de ter sido parido por aquele ventre. Ao fazer uma mulher chorar e sofrer, ele ofende a toda as fêmeas de sua família. Então, quando fere a companheira, ele atrai para si, instantaneamente, a fúria de todas as mulheres da família da qual descende. Na tradição iorubá, essas ancestrais, ao deixarem os corpos, transformam-se nos espíritos das árvores que as florestas abrigam — são as chamadas mães ancestrais, cujo nome não se deve pronunciar à toa. Tornaram-se as guardiãs das mulheres e, de acordo com os itans,[2] elas cobram desses homens toda maldade, covardia e desrespeito com o qual trataram as mulheres. Reza a lenda que, toda vez que uma mulher derrama uma lágrima no chão por causa de uma ferida que um homem lhe causou, o ventre da terra se abre para receber essa lágrima e, através das raízes das árvores, as mães ancestrais seguem o rastro desse homem até encontrá-lo. Quando o encontram, sobem por seus pés e cobram todo o mal feito à mulher. Esse seria o motivo para muitos homens adoecerem ou caírem em desgraça com vícios de bebidas, acidentes e mortes dolorosas.

A partir dessa compreensão, as mulheres devem repensar quando veem um homem "sofrendo", sendo cobrado, se dizendo vítima ou sofrendo perseguição da ex-mulher, sabendo exatamente que existe esse acerto de contas no mundo invisível. Nenhuma mulher deve acreditar no que um homem fala a respeito de uma ex-mulher, até conhecer a versão dela sobre este mesmo homem. Da mesma forma, não se deve

---

2 São chamados de itans os mitos e lendas do panteão africano. [NE]

Salve o matriarcado: manual da mulher búfala

acreditar quando ele fala que a mãe do filho dele é maluca, ciumenta, barraqueira, até saber da própria mulher todo o mal que o homem pode ter causado à saúde emocional dela e que tipo de pai ele é — ou se ele nunca foi um pai de verdade para os filhos. Procurando saber a verdade, você poderá descobrir que a "ex-louca", está criando um(a) filho(a) sozinha, sem o devido amparo estrutural para educar a criança, devido à ausência de um pai que exerce a paternidade apenas postando fotos com os(as) filhos(as) nas redes sociais. Não podemos mais compactuar com esse ciclo de mentiras que ouvimos no início de um novo relacionamento. Não podemos permitir que a carência ou a expectativa de um novo amor nos leve a acreditar em tudo que o menino disfarçado de homem fala. Já passou da hora de pararmos de rivalizar umas com as outras. Adiante, falaremos mais sobre o assunto.

Desde que a tradição matriarcal foi destruída, e passou-se a enaltecer os "valores civilizatórios" da modernidade com base nas experiências do patriarcado eurocristão, houve um desequilíbrio entre as forças femininas e masculinas, que são complementares e fundamentais para a preservação da espécie e do meio ambiente climático, social e econômico. A desordem social foi inaugurada e o uso da força masculina sobre a feminina tornou-se um comportamento padrão, utilizado pelo sistema capitalista e patriarcal em construção desde o início da Idade Moderna. A consequência foi a deformação do conceito de família que, a partir de então, passou a ser constituída pelo uso da força e do poder patriarcal, e não mais do amor e do respeito. Não demoramos muito a perceber e sentir o efeito colateral no comportamento social, que foi se tornando cada vez mais violento e destrutivo. Filhos(as) gerados(as) pela opressão reproduzem comportamentos igualmente desrespeitosos e violentos, pois deixam de aprender, em casa, o que é liberdade e harmonia familiar.

Nossos passos vêm de longe

Expansão capitalista e o domínio dos corpos das mulheres

A história das mulheres muda, aproximadamente, a partir o século XV, com o início da Idade Moderna e a transição do modo de produção feudal para o sistema econômico mercantilista em expansão. O interesse do Império Europeu em conquistar novas terras e mais riquezas fez com que a invasão de territórios alheios se tornasse uma prática comum, o que durou por quatro séculos.

Importante destacar que, em outros continentes, como América, África e Ásia, a cultura não era feudal; havia formas de vida tribais nas quais não havia a figura do soberano, mas sim a presença de uma liderança religiosa (mulher e/ou homem) que definia as regras da comunidade, desde a partilha de alimentos, o uso e preservação da terra e dos animais, moradia, casamentos, função social (profissão), orientação espiritual (cultura étnica religiosa), estabelecimento de regras e punições (leis e justiça), até decisões sobre alianças ou conflitos tribais e mudança de território (política).

A invasão europeia das terras e propriedades alheias não era dissociada do domínio dos corpos de homens e mulheres, que eram escravizados, torturados ou mortos para que o exército invasor pudesse demonstrar toda a sua força e seu poder, expropriando as moradias das comunidades tribais, que já estavam estabelecidas há milhares de anos nesses territórios.

No caso específico das mulheres, o estupro era uma forma moral de dominação, uma vez que, pelo uso da força durante o ato, os homens demonstravam que as mulheres daquela tribo, aldeia ou comunidade não pertenciam mais àquela família tradicional e que os invasores tinham acesso e posse de seus corpos, pelo tempo que bem entendessem. A desmoralização e a violação das fêmeas da comunidade tribal eram utilizadas como armas de dominação e exercício de poder.

A gravidez compulsória também foi usada como estratégia de violência e dominação, uma vez que essa era uma forma de fazer com que as mulheres dos territórios dominados gerassem filhos dos invasores, tornando seus próprios filhos herdeiros das terras invadidas. Outro nítido objetivo era destruir a estrutura familiar tribal, pois de que adiantava usar a força para conquistar uma terra e não assegurar a posse hereditária sobre ela?

O estupro foi uma das ferramentas mais utilizadas para desestruturar as formas de organização tribal, uma vez que muitas tribos estavam alicerçadas em uma estrutura matrilinear, o que não significa o domínio das mulheres sobre os homens, mas uma relação de igualdade social no tocante ao respeito, aos direitos e à importância de ambos os gêneros no equilíbrio da comunidade. Abusar sexualmente de uma mulher, muitas vezes na frente de seus familiares, era uma forma de envergonhá-las e torná-las impuras para seus grupos sociais.

Naturalmente, nem todas as sociedades eram matriarcais. Havia sociedades tribais nas quais o homem era a figura central. No entanto, percebe-se que o comportamento de violência e violação contra o corpo feminino e de desqualificação da importância e dos direitos das mulheres é adotado como prática social e como função estruturante do novo sistema econômico em crescimento a partir desse período da História.

Com a expansão do Imperialismo e do sistema mercantilista, inaugura-se um período de violência contra a mulher como uma forma de demonstração pública do poder masculino e econômico sobre o corpo e a vida dela. Lentamente, é desconstruída a relação de igualdade entre homens e mulheres, até então responsável pela manutenção do equilíbrio na convivência entre o ser humano e o meio ambiente. A harmonia entre os gêneros foi sendo deixada de lado, impondo uma reorganização dos papéis sociais de cada um. É fortalecido o poder patriarcal e a mulher tribal passa a ser vista como suja, como bruxa, e tem todo o seu conhecimento ancestral reduzido a nada, justamente porque essa era a condição que permitia a ela o domínio do próprio corpo e da própria existência, inviabilizando, assim, qualquer forma de dominação. O apagamento do poder feminino é a ferramenta que sustenta sua submissão, além de retirar o direito da mulher sobre o próprio corpo, a própria vida e sua titularidade da terra.

Pouco a pouco, deixaram de ser tratadas como sagradas e se tornaram objetos sexuais e reprodutivos para que o sistema mercantilista e capitalista pudesse se expandir com as acumulações de lucro necessárias para saciar a ganância de seus articuladores. Para que o sistema comercial pudesse sobreviver, era preciso existir um mercado consumidor. Então, era necessário que as mulheres gerassem filhos em larga escala e, para que os homens enriquecessem, era necessário que as mulheres ficassem em casa cuidando de seus herdeiros. Assim, o ambiente privado tornou-se restrito à fêmea e o público, livre apenas para o macho.

É neste momento da História que o conceito de família tradicional tribal é transformado. O corpo, o prazer, o conhecimento (estudo) e o sentimento da mulher passam a ser dominados pelo macho. Dessa forma, ele decide tudo sobre ela e permanece livre para acumular capital, ter liberdade sexual e assegurar a transferência dos bens para os herdeiros, mantidos em casa pela esposa, uma refém do sistema patriarcal. Esse novo modelo familiar tornou-se referência na cultura mundial e é fortemente estimulado pela Igreja Católica até os dias atuais.

Expansão capitalista e o domínio dos corpos das mulheres

É importante lembrar que o sistema econômico que favoreceu o enriquecimento ilícito de um grupo étnico sobre tantos outros utilizou-se de uma base religiosa, cunhada como cristã, para justificar a expansão territorial e o enriquecimento de um povo considerado escolhido e superior. Portanto, é como se tivesse havido a autorização divina para subjugar outros povos, apontados pela Igreja como inferiores. Argumentava-se que os povos dominados eram bárbaros e sem alma e, com total autorização eclesial, podiam ser batizados, dominados, escravizados, estuprados, torturados, mortos e submetidos às novas regras do comportamento eurocristão. A demonstração de sua submissão cultural, religiosa e econômica teve plena justificativa religiosa cristã. Os argumentos religiosos fundamentavam e embasavam as práticas mais horripilantes de dominação.

Para que esses argumentos religiosos fossem amplamente respeitados e aceitos, era fundamental a consolidação da ideia da existência de um Deus único e, portanto, de uma religião única que fosse imposta como a correta e a melhor para a salvação da humanidade. Para isso, não pouparam esforços, nem o uso da força, durante a dominação colonizadora-invasora, para a conversão dos povos ao Cristianismo, sempre amparados na justificativa de que estes povos eram pagãos e, portanto, cultuavam o demônio — apesar de esta figura mítica sequer existir em muitas culturas tradicionais —, impondo a eles uma visão errada sobre o mundo, sobre a escolha do povo de Deus e sobre o papel da mulher. A demonização das religiosidades tribais transforma o dominado em um inimigo que precisa ser convertido e combatido.

O dominador sabe que, sem a imposição da conversão religiosa cristã, a resistência dos povos tribais seria ainda maior, pois estes se recusariam, ainda mais fortemente, a aceitar a nova linguagem patriarcal opressora, uma vez que suas bases religiosas tradicionais não colocavam a mulher em condição de desigualdade ou menor importância. Em muitas culturas que se estruturavam a partir de um eixo organizacional matriarcal, as mulheres eram vistas como sagradas, conforme mencionado anteriormente.

Para tanto, os homens precisaram destituir o poder espiritual, religioso e sagrado das mulheres tribais, passando a cunhar uma figura religiosa masculina que sustentasse a autoridade patriarcal como mantenedora da ordem e dos bons costumes morais. Criaram o papado e uma hierarquia sacerdotal masculina, concedendo toda autoridade aos homens e permitindo — na verdade, impondo — apenas papéis e funções consideradas menores às mulheres. É importante observar que muitas religiões modernas seguiram este modelo de organização patriarcal.

Estes homens, classificados inicialmente como padres e eclesiásticos, tornaram-se conselheiros dos reis e formaram com eles uma aliança de interesses econômicos que privilegiava um grupo social constituído por homens brancos, cristãos e europeus — não é por acaso que esta é, até os dias atuais, a mesma base do parlamento brasileiro. Por muitos séculos, esse grupo acumulou riqueza, poder, realeza e ditou as regras sociais, econômicas, culturais e religiosas que dominaram — e ainda dominam — grande parte das sociedades deste planeta.

Vale registrar, também, que essa nova ordem religiosa inaugurou o casamento por contrato, outra potente arma de dominação dos corpos e direitos das mulheres. Deixamos de nos casar por amor ou por laços de afetividade, inaugurando um tipo de organização familiar no qual a opinião e os sentimentos das mulheres são inteiramente ignorados e subalternizados pela dominação patriarcal.

Tratada como gado, a mulher começa a usar o sobrenome masculino da família à qual passa a pertencer, conforme consideravam os cristãos. Foi obrigada a usar o nome do pai, considerado seu primeiro proprietário, e, posteriormente, o do marido, seu segundo proprietário. Não por acaso, perante o altar (Deus), ela era conduzida pelas mãos de um ao outro; e, após o ato consumado, o sobrenome de sua

Expansão capitalista e o domínio dos corpos das mulheres

mãe, quando constava, era negado ou ignorado, mostrando que, para essa nova ordem social, o que importava eram os registros de propriedade em nome do macho. A mulher torna-se a "esposa-propriedade-privada", e não mais a companheira de jornada.

Levando-se em conta a grande expansão do império capitalista eurocristão, que se espalhou ao longo dos séculos, o casamento cristão tornou-se uma das principais formas de união familiar, sendo muito difícil, para a maioria das pessoas, pensar a sociedade de outra forma. Dessa maneira, é quase impossível combater o machismo e o racismo sem questionar a dominação religiosa cristã que alicerçou esses dois comportamentos, tão violentos e preconceituosos, em nossa atual sociedade. É extremamente necessário entender os impactos estruturais e estruturantes que a moral cristã causou à vida das mulheres e dos povos dominados — dos povos negros e indígenas em especial, mas também dos asiáticos, árabes, ciganos etc. — para melhor compreendermos diferentes contextos, como o latino-americano, o africano e o brasileiro.

No Brasil — e em muitos países que foram invadidos por eles —, esse grupo de clérigos inaugurou o sistema de educação oficial. Naturalmente, eles também escolheram de que forma a história do mundo e de nosso país nos seria contada, valorizando e enaltecendo suas ações e atos de truculência sórdida, substituindo o horror que provocaram por um falso romantismo: "colonização" em vez de "invasão"; "tráfico de seres humanos" por "escravidão"; "submissão dos desalmados aos caprichos dos homens cristãos" em vez de "estupro", "pedofilia" e "tortura"; "exploração das riquezas das terras ameríndias e africanas" por "incentivo ao desenvolvimento econômico europeu". Segundo eles, considerados o centro da civilização mundial, as mulheres brancas deveriam ser submissas e agradecer por terem sido aceitas por um marido, pois eram vistas como sujas. Já as negras e indígenas eram obrigadas a servir e parir filhos com a finalidade de aumentar a mão de obra escravizada — engrenagem estruturante do sistema capitalista.

Diante de tais fatos, torna-se fundamental uma busca profunda pelo entendimento de nossa real história — uma pesquisa sobre a forma como ela nos foi apresentada, sobre quem a transformou em narrativa e sobre todo o apagamento das opressões sofridas — para que alcancemos a efetiva desconstrução dos mecanismos de violência perpetuados nos livros escolares que afetam nossa luta por sobrevivência.

Pela retomada do direito ao uso de nossos corpos e de nossa liberdade afetiva, sexual, parental e reprodutiva! Pelo fim da feminização da pobreza,[1] do feminicídio e da criminalização das pessoas LGBTQIA+!

Quanto mais as mulheres se empoderarem com o conhecimento de suas verdadeiras histórias, mais rápido redescobrirão o quanto são fortes e o quanto são capazes de emancipar a própria felicidade, saindo do ciclo de subestimação que a sociedade patriarcal tentou impô-las ao longo dos últimos 2021 anos de história da humanidade.

Definitivamente, não podemos aceitar nem acreditar em tudo o que nos foi dito. Devemos rever e recontar nossa própria versão dos fatos por meio do resgate da comunicação oral e das tradições dos povos tribais como material histórico.

Sim, é possível ser uma mulher atual, ter bases matriarcais sólidas e ser FELIZ!

Somos as bruxas que eles não queimaram! Eles combinaram de nos matar, nós combinamos de não morrer! Não voltaremos para a

---

1 Este conceito foi desenvolvido pela estadunidense Diane Pearce em artigo publicado em 1978: "O conceito 'feminização da pobreza' representa a ideia de que as mulheres vêm se tornando, ao longo do tempo, mais pobres do que os homens. De acordo com o *Relatório do Desenvolvimento Humano 1995*, 'A pobreza tem o rosto de uma mulher — de 1,3 bilhão de pessoas na pobreza, 70% são mulheres'. [...]
Para ela, a feminização da pobreza é um processo que se desenvolve a partir do momento em que a mulher com filhos passa a não ter mais marido ou companheiro morando no mesmo domicílio e se responsabilizando pelo sustento da família. Nesta perspectiva, o processo de feminização da pobreza tem início quando a mulher, sozinha, tem que prover o seu sustento e o de seus filhos.
Para estudar este processo, ela vai examinar as possíveis e diferentes fontes de renda (trabalho, pensão alimentícia, seguro social e programas de renda mínima), procurando evidenciar os motivos pelos quais a pobreza atinge mais duramente as mulheres chefes de famílias do que os homens chefes de famílias nucleares." (NOVELLINO, 2004, p. 2)

Expansão capitalista e o domínio dos corpos das mulheres

senzala, para a cozinha ou para o armário! Lugar de mulher é onde ela quiser!

Aguente firme, mana! Nossa revolução está apenas começando, mas não se esqueça: ela começa por nosso conhecimento histórico!

2.1 Breve histórico do trabalho doméstico não remunerado

Para atender a seus interesses de dominação econômica, a cultura capitalista eurocristã destruiu lentamente a imagem de poder e de tratamento igualitário do feminino nas ordens sociais, pois o sistema financeiro capitalista em expansão necessitava, para ter mais êxito, que mais mulheres gerassem vidas, ampliando, dessa forma, a mão de obra disponível para o trabalho e para o consumo dos bens produzidos.

A apropriação do corpo das mulheres pelo Estado, por meio da dominação de seus direitos reprodutivos e sexuais, foi instaurada nas sociedades europeias durante a Idade Média, depois da morte de muitos homens em decorrência das epidemias da Peste Negra e da Gripe Espanhola, da participação em guerras para expropriação de outros territórios — árabes, africanos, americanos, entre outros — e da participação em levantes campesinos decorrentes da luta pela reapropriação da terra retirada pelos comerciantes burgueses em aliança com a Igreja Católica e a nobreza. Tudo isso levou a uma redução demográfica de até um terço da população masculina em alguns países da Europa.

Um dado histórico que precisa ser lembrado é que, por milhares de anos, as mulheres foram as únicas responsáveis pela realização do parto de outras mulheres. Além de parteiras, havia rezadeiras, erveiras, feiticeiras, curandeiras, boticárias e médicas tradicionais, que orientavam as parturientes nos cuidados com o pós-parto e com a criança recém-nascida e durante a primeira infância. Elas também indicavam o uso de ervas e substâncias contraceptivas, assim como ervas medicinais abortivas e infanticidas (principalmente em caso de gravidez decorrente de uma relação extraconjugal). Todo este poder vinculado à medicina tradicional ancestral estava presente em todas as culturas de todos os povos antigos, não apenas nas sociedades europeias, e davam à mulher a soberania sobre seu corpo, seu prazer e sua capacidade reprodutiva.

A gravidez, assim como a capacidade de gerar, parir e alimentar um bebê, era considerada sagrada pelos homens que, por força dessa compreensão, respeitavam as mulheres. Tudo aquilo que se relacionava ao sagrado feminino era respeitado e exercia influência direta nos modelos sociais, como a sabedoria medicinal tradicional, a força mística espiritual oracular para os aconselhamentos e a autoridade sacerdotal religiosa, o equilíbrio e a integração com os animais, vegetais, ciclos lunares e os demais conhecimentos por meio da preservação e da conexão com a natureza.

Tudo isso representava a sabedoria e a força milenar que colocava as mulheres em posição de igualdade social aos homens. Estes não tinham, até esse momento da história moderna, a necessidade de dominar, disputar, rivalizar e odiar as mulheres (misoginia). Aquelas eram reconhecidas como o portal da vida. Os homens sabiam que haviam habitado nossos corpos, que nossas entranhas haviam sido sua primeira morada, assim como o alimento veio de nosso peito e os cuidados que os assistiram a maior parte da vida, de nossas mãos. As práticas religiosas ancestrais ensinavam isso aos meninos e, assim, eles tornavam-se anciões guardiões do sagrado feminino. Não havia acirrados conflitos de gênero nas sociedades tribais.

Os cuidados com o nascituro e com a primeira infância eram divididos entre as mulheres da mesma família, sempre com a cooperação dos homens. Aos homens, era ensinada a importância do cuidado com bebês e com crianças pequenas. Exatamente por isso, as mulheres eram respeitadas e apoiadas no direito de usar ervas e métodos contraceptivos naturais como forma de equilibrar o aumento da família e

Expansão capitalista e o domínio dos corpos das mulheres

possibilitar que se desse a devida atenção à educação de uma criança. A responsabilidade por aquela nova vida era de toda a comunidade tribal, não apenas da mulher, como na atualidade.

A partir da Idade Média, com o avanço da expansão mercantilista, a necessidade de produzir bens, ter público consumidor e terras para aumentar o acúmulo de capital nas mãos dos homens, do Estado, da Igreja e da burguesia fez com que todo esse poder feminino incomodasse a sociedade capitalista patriarcal em formação.

Os homens buscavam ficar ricos a partir da acumulação de capital, o que era conquistado por meio do roubo das terras dos camponeses, dos povos africanos, ameríndios e árabes, do trabalho humano não remunerado (escravo) ou subvalorizado (baixo salário) e do crescimento comercial burguês. Depois de se tornarem ricos, depois de passarem uma vida inteira roubando, explorando, extorquindo, traficando seres humanos, expropriando terras alheias, estuprando mulheres e expandindo os negócios, esses homens necessitavam de herdeiros para quem deixar seus bens. Também precisavam de um mercado consumidor e de pessoas para trabalhar, quase sempre de forma escrava, mas havia um porém: as mulheres controlavam seus ciclos menstruais e gestacionais, ou seja, engravidavam somente quando queriam.

Os patriarcas em formação precisavam conter esse controle e esse poder que tínhamos para que não atrapalhassem seus planos de enriquecimento e expansão do poder masculino. Para tanto, utilizaram, em um primeiro momento, a deturpação de nossos poderes sexual, menstrual, místico, oracular, espiritual, oculto, erótico e conceptivo, demonizando todo o nosso conhecimento e a nossa herança ancestral sob a ótica cristã. Por fim, nos acusaram de bruxaria, queimando nas fogueiras todas as que conseguiam capturar.

Inaugura-se o movimento de caça às bruxas, uma perseguição às mulheres que preservavam as práticas femininas ancestrais e continuavam ensinando às outras como não engravidar, como abortar, como cometer infanticídio, como esconder crianças indesejadas (filhas e filhos de relacionamento extraconjugais) e como usar a medicina tradicional com ervas, folhas e raízes.

Nesse mesmo período, em alguns países, expandiu-se cultura do estupro como mecanismo legal e socialmente aceito para aumentar a população, ou seja, o macho podia estuprar as mulheres e engravidá-las, garantindo, assim, o consequente aumento da população.

Depois de um longo período de exploração do tráfico humano e da consequente expansão do sistema escravocrata na África e nas Américas, a necessidade de mão de obra na Europa diminuiu. A mulher europeia branca e pobre passa, então, a ocupar o papel social familiar de esposa e mãe, e não mais o de trabalhadora servil.

Atribuindo-nos essa nova função, criam a imagem da mulher branca, casada na igreja, como a mãe perfeita e a mulher escolhida. Passam a enaltecer a habilidade feminina maternal como algo inato, natural, como um pseudopoder que deve ser encaixado na função social familiar, designando a esse universo feminino o dever e a obrigatoriedade de cuidar da casa e dos filhos. A partir daí, a capacidade produtiva de muitas mulheres passa a ser coibida e a violência doméstica se instaura como prática naturalizada na sociedade patriarcal. A casa se torna o ambiente privado onde a mulher é uma rainha silenciada, com proibições e limitações de uso do espaço público e onde o homem é rei, juiz, político, governante e empresário, além de ocupar a maior parte das carreiras profissionais até os dias de hoje. À mulher, restou a função de cuidadora do lar, dona de casa e, muitas vezes, de prostituta doméstica.

Ainda hoje, muitas mulheres reproduzem, sem questionar, o papel feminino de mãe cuidadora, que permanece dentro da casa porque essas são as funções e os lugares que nos são determinados pela Igreja Cristã. O exercício da maternidade e a permanência da mulher no espaço doméstico são direitos que devem ser respeitados, mas jamais impostos sob forma de opressão. Precisamos sempre refletir sobre o

Expansão capitalista e o domínio dos corpos das mulheres

preço emocional que as mulheres, que desejam outras posições e outros lugares no mundo, pagam por estarem culturalmente condicionadas aos espaços domésticos. A partir disso, podemos pensar sobre o desafio que enfrentam para serem livres e estarem onde desejam. Quanto dano psicológico é causado por essa imposição de papéis e ocupação do espaço na psiquê das mulheres que não querem essa vida, mas que não têm forças ou recursos para mudar a situação?

A sociedade contemporânea está estruturada na naturalização da condição de mulher maltratada e de homem violento, sem correlacionar a esses fatos os efeitos nocivos que o machismo produz na saúde mental das famílias e, consequentemente, da sociedade. Quantas crianças, adolescentes e jovens desenvolvem comportamentos agressivos e violentos e dependências alcoólica e química por terem sofrido traumas decorrentes da violência de gênero que viveram dentro de casa desde a infância?

É uma prática omissa que o macho justifica por ser o provedor financeiro, que não pode acumular mais trabalho além do que já faz no ambiente externo, alegando estar cansado, que a mulher passa o dia todo em casa, descansando. Na verdade, porém, passamos os dias solitariamente, sobrecarregadas com os afazeres domésticos. No caso daquelas que não trabalham fora, essas atividades podem ocupar todo o dia, pois começam a trabalhar na hora em que acordam e só param quando conseguem dormir. No caso das que trabalham fora, esse trabalho não remunerado dentro de casa ocupa todo o tempo antes de saírem para o trabalho externo e também o tempo que lhes sobra desde que pisam em casa novamente.

Essa sobrecarga de trabalho doméstico leva a mulher ao exercício de uma jornada de trabalho dupla — ou tripla, quando tem filhos; ou quádrupla, quando está estudando —, uma prática que está tão enraizada e naturalizada em nossa estrutura social que faz com que o hábito da escravização doméstica se mantenha ativo até os dias atuais. Os danos causados pelo roubo do tempo da mulher e a ausência de remuneração por esse tipo de trabalho vêm provocando problemas nas relações conjugais e familiares de moldes patriarcais e heteronormativas. É importante pontuar que, nas relações homoafetivas, os casais costumam se ajudar mais, dividindo melhor as tarefas domésticas.

Esses danos se estendem à saúde emocional, física, psicológica, energética e intelectual da mulher, que fica exaurida, sem condições de produzir nada para si própria. Não é incomum, nesses casos, mulheres que desenvolvem processos depressivos e transtornos nervosos, sendo, desse modo, acusadas de histéricas, preguiçosas ou relaxadas, por não desempenharem bem as "suas" tarefas domésticas, quando, na verdade, estão totalmente sobrecarregadas com um trabalho que deveria ser dividido pelo casal e pelos(as) filhos(as), uma vez que todos(as) usufruem e são moradores do mesmo ambiente doméstico. Todos dormem, se alimentam, habitam o mesmo espaço, sendo assim, o natural é que as tarefas sejam divididas e realizadas igualmente por todos e todas, e não individualmente por uma única moradora, como vem acontecendo nos últimos dois mil anos de existência da humanidade.

O tempo gasto com o trabalho doméstico não é calculado nem reconhecido dentro da economia capitalista como produtor de renda e, por isso, não é remunerado. Essa cultura de domesticação, que tem origem na Idade Média e até hoje sustenta a ideia de que a mulher deve ficar em casa cuidando do espaço, possibilitou o retorno dos homens ao mercado de trabalho europeu.

Durante décadas, em razão da escassez de homens provocada pelo grande número de mortos em guerras, seguidas pela Peste Negra e pela Gripe Espanhola, fatores que desequilibraram a balança demográfica da região, mulheres e crianças ocuparam a maior parte das vagas de emprego nas fábricas, pois ganhavam salários menores do que os homens, mesmo trabalhando mais horas e em piores condições.

Passado esse período, as mulheres foram levadas a parir compulsoriamente por meio da proibição de abortos e da autorização de estupros.

Expansão capitalista e o domínio dos corpos das mulheres

Assim, o número de homens nascidos vivos aumentou e os postos de trabalho nas fábricas em plena expansão mercantilista passaram a ser ocupados por eles. Quando os homens voltam a ser maioria no mercado de trabalho europeu, a Igreja, aliada aos donos do capital, burgueses e comerciantes, inicia uma campanha para justificar a permanência das mulheres em casa, possibilitando a retomada do pátrio poder, ou seja, do fortalecimento econômico do patriarcado.

A partir dessa época, o valor do tempo de trabalho doméstico e de cuidado com os filhos não foi agregado à economia mundial, ou seja, a mulher passou a realizar sozinha uma atividade laboral que deve ser de responsabilidade de ambos os gêneros, pois as crianças são feitas por homens e mulheres, assim como, no ambiente doméstico, cabe igualmente a ambos o cuidado com alimentação, higiene e manutenção do espaço. Na prática, a esposa pobre se torna a trabalhadora doméstica do esposo, porém, sem remuneração, reconhecimento, férias, 13º salário, aposentadoria, entre outros direitos trabalhistas, ou seja, torna-se uma espécie de "prostituta doméstica".

Matriarcado × patriarcado[1]

Destacamos aqui que o modelo histórico referencial é a Europa, não porque concordamos com o eurocentrismo,[2] mas porque a dominação europeia sobre os continentes africano, americano e asiático atravessou a história desses povos em decorrência da forma violenta que o Imperialismo colonizador foi imposto a estes. Esse fenômeno atrapalhou, de forma direta, o papel e a importância das mulheres nas sociedades indígenas, africanas e asiáticas.

Só é possível entender a história do matriarcado se neutralizarmos as referências eurocêntricas impostas como hegemônicas sobre os territórios que foram invadidos e dominados pelos usurpadores europeus que, romanticamente, se autodenominavam colonizadores. Ao longo da história, algumas(uns) pensadoras(es) e pesquisadoras(es) se detiveram em estudar e compreender as sociedades patriarcais, matriarcais e matrilineares.[3]

---

1   Grande parte deste capítulo baseou-se em ou foi extraído do artigo "O matriarcado e o lugar social da mulher em África: uma abordagem afrocentrada a partir de intelectuais africanos", de Fernanda Chamarelli de Oliveira.
2   A Europa como centro e modelo para as demais civilizações.
3   "A matrilinearidade é aqui compreendida como o sistema de parentesco, de filiação através do qual somente a ascendência (família) da mãe é tida em consideração para a transmissão do nome, dos benefícios ou do status de se fazer parte de um clã ou classe, enquanto na patrilinearidade a ascendência considerada é a paterna." (OLIVEIRA, 2018, p.319)

Compreendemos como sociedades matriarcais as comunidades tribais onde a mulher exerce um papel de importância, respeito e igualdade em conjunto com os homens. A existência da mulher é considerada sagrada e profundamente respeitada em sua condição de ventre da vida, uma vez que todos os seres humanos, incluindo os homens, habitaram por nove meses o corpo de uma mulher.

Como portal da vida, a sensibilidade energética e espiritual das mulheres é levada em consideração pela comunidade tribal para uma melhor orientação dos comportamentos sociais, sobretudo para a observação do ciclo da natureza. O diálogo mantido entre a natureza feminina e os ciclos lunares faz com que, além da sabedoria oracular, a potência feminina organize e distribua, de forma mais justa e equilibrada, o uso da fauna e flora locais, ou seja, do nicho ecológico ao qual está integrada em conjunto com suas bases familiares. Guiadas por esta sensibilidade, as mulheres defendem o uso contínuo da natureza como fonte da vida, preservando o meio ambiente, já que a terra, a água, as árvores e os animais são considerados sagrados para uma vida saudável e a sobrevivência da espécie humana. Não há desperdício e destruição. Não existe a subjugação, a subestimação e o uso da força e da violência contra o feminino nas sociedades matriarcais.

Como sociedades patriarcais, entendemos as comunidades onde o homem exerce o pátrio poder de forma exclusiva, ou seja, o homem é a figura central e determina as leis e regras, decidindo pela vida das mulheres, que não têm voz, respeito e importância na mesma proporção da figura masculina. As sociedades patriarcais modernas inauguram a violência contra a mulher por meio da destruição do fundamental lugar do sagrado feminino. A cultura do estupro foi criada como ferramenta de dominação dos corpos das mulheres e a natureza foi utilizada como fonte de riquezas e acumulação do capital, sem levar em consideração condições de vida saudáveis para as próximas gerações. Tiveram início guerras para a apropriação dos territórios tribais, gerando falta de moradias, escassez de alimentos, miséria e doenças decorrentes da destruição do meio ambiente — como as mais recentes alergias respiratórias, intolerância à lactose, entre outras.

Conforme explica Fernanda Chamarelli de Oliveira (2018), pensadores europeus que analisaram as sociedades pré-coloniais, como Bachofen e Engels, consideraram as sociedades matriarcais e matrilineares confrontadoras das sociedades patriarcais, conceituando-as como atrasadas e imorais, pois interpretam esse modelo de organização social como um retrocesso ou um um estágio evolutivo primitivo.

Ao analisar as teorias sobre o patriarcado propostas por diferentes autores do século XIX, Cheikh Anta Diop tem o intuito de mostrar que faltam bases científicas que provem a superioridade das sociedades patriarcais e busca dissociar o matriarcado de algo atrasado e primitivo, bem como sua oposição em relação ao patriarcado. Exemplificaremos a crítica estabelecida pelo autor a partir dos pressupostos das pesquisas realizadas por Bachofen e Engels (OLIVEIRA, 2018, p.320).

Um dos argumentos utilizados para condenar o matriarcado era a poliandria[4] e a alegação de que a "a paternidade era desconhecida nos grupos com menor complexidade socioeconômica e isto colocava as mulheres em uma situação de poder dentro desses grupos" (OLIVEIRA, 2018, p.320). Segundo eles, patriarcado tem início quando os homens começam a reconhecer sua participação na reprodução da espécie, tomando consciência da paternidade. Uma nova forma de casamento e organização, baseada na dominação masculina sobre o corpo, o desejo e a liberdade das mulheres, começa.

A análise desses autores sobre a questão das organizações sociais matriarcal e patriarcal defende que "o processo que conduz a organização matriarcal à patriarcal seria um progresso universal vivido pelas sociedades, como uma evolução, considerando as estruturas sociais matrilineares retrógradas".

---

4   Segundo o *Dicio: dicionário online de Português*, trata-se de um "regime, observado em sociedades matrilineares, no qual diversos homens, em geral irmãos ou primos, participam da posse de uma mesma mulher". Disponível em: https://www.dicio.com.br/poliandria. Acesso em: 07 jan. 2020.

Matriarcado × patriarcado

> A partir da análise destes autores sobre a questão da organização social matriarcal e patriarcal, observamos que os mesmos defendem o processo que leva da organização matriarcal à patriarcal como um progresso universal vivido pelas sociedades, como uma evolução, considerando as estruturas sociais matrilineares como retrógradas. (OLIVEIRA, 2018, p. 321)

Esse tipo de condenação também está diretamente ligado ao sistema capitalista em expansão que prioriza a acumulação de bens. Nas sociedades matriarcais, a posse da terra era feminina — uma vez que só se tinha a certeza da descendência biológica da mãe —, cabendo o direito à terra, para cuidar da prole, à mulher. Somente as mulheres poderiam ser detentoras da propriedade.

Ao descobrir sua coparticipação na vida das crianças, a ordem é invertida pelo patriarcado, transferindo-se para o homem, por meio da força, a posse da terra.

O sistema mercantilista passa a usar o estupro para desqualificar a mulher perante sua tribo, provocando a gravidez compulsória. Em decorrência do uso da força sexual, por meio dos filhos da violência que as mulheres geraram, os homens se tornam os proprietários das terras.

Para confirmar que o período anterior havia sido dominado pelas mulheres, Bachofen recorre à existência do culto às divindades femininas por considerar que estas seriam a "representação simbólica" que, na época, comprovava o domínio político das mulheres.

> Para ratificar sua proposição, Bachofen aponta um maior culto realizado à Lua, ligada às mulheres, do que ao Sol, divindade ligada aos homens. Fazendo uso de um sistema religioso e ideológico, atribui características femininas não apenas à Lua, mas também à noite, escuridão, morte, tristeza, em contraposição às características masculinas associadas ao Sol, luz, dia, criação e alegria. Com estas atribuições, já busca claramente demonstrar a preponderância do masculino sobre o feminino. (OLIVEIRA, 2018, p. 320)

Na condição de matriarca sacerdotal, estando à frente de um terreiro de Umbanda há 22 anos, concentro meus estudos em referências africanas, nas quais se incluem pesquisadoras(es) como Cheikh Anta Diop, Ifi Amadiume e Oyèrónké Oyĕwùmí, mas também Elisa Larkin Nascimento e Fernanda Chamarelli de Oliveira, de cujo excelente artigo extraí grande parte do conteúdo deste capítulo.

Diop nos lembra que as sociedades africanas são milenares e têm bases matrilineares, diferentemente das europeias, nas quais o homem concentra o poder e é a figura central da organização. Para Diop e outras pesquisadoras, essas diferenças estão baseadas em princípios climáticos e nas diferenças entre as regiões setentrional e meridional. Nesse sentido, compreende-se que matriarcado e patriarcado, na verdade, "se constituem ao mesmo tempo, porém em diferentes espaços, buscando assim mostrar que a organização matriarcal não é universal" (OLIVEIRA, 2018, p. 322).

> Para tanto, trabalha com a influência da ecologia sobre a organização social, atribuindo a esta fatores externos. Existiriam duas lógicas de organização socioeconômicas opostas pela interação do homem com os meios ambientais. Apresenta a hipótese de dois "berços" de desenvolvimento humano, que seriam o do Norte, berço setentrional, e o do Sul, berço meridional, tendo como ponto de divisão a Bacia do Mediterrâneo. (OLIVEIRA, 2018, p. 322)

3.1 O berço de desenvolvimento setentrional

O berço setentrional estava ligado aos povos indo-europeus, englobando a Europa Mediterrânea e o Oriente Médio semita. Devido ao ambiente árido e frio da região, apresentava um caráter nômade e foi favorável à organização patriarcal; "a mulher era vista como um fardo que o homem carregava, tendo sua função reduzida à procriação" (OLIVEIRA, 2018, p. 322).

Matriarcado × patriarcado

Ainda de acordo com Oliveira (2018, p. 322), em função do clima frio muito rigoroso e do solo gelado, a agricultura não pôde se desenvolver, estando a vida em constante perigo e prolongando-se a dependência da caça. Isso também fez com que o homem usasse mais vestimentas e habitasse lugares fechados. Para se proteger do frio, as crianças precisavam ficar nas cavernas, restando à mulher a função do cuidado "doméstico" da prole.

> Estas características teriam sido responsáveis pelo desenvolvimento de hábitos de competição, de conquista, práticas materialistas, um culto à propriedade privada e uma visão intolerante em relação ao outro. Fundaram-se sociedades patricêntricas,[5] falocráticas,[6] tendo o lugar central ocupado pelo homem, que tiveram uma agressividade herdada pelo modo de vida nômade, que desencadeou os ideais de guerra, conquista e violência. O homem assim desenvolve um sentimento de solidão moral e material e uma posição individualista. (OLIVEIRA, 2018, p. 322)

Portanto, é possível que essa seja a origem da misoginia, ou seja, a raiva involuntária que os homens sentem das mulheres sem motivos racionalmente explicáveis. A misoginia é, até os dias atuais, o principal sentimento motivador do crime de feminicídio.

3.2 O berço de desenvolvimento meridional

Já o berço meridional — do qual faz parte a África —, devido à vegetação existente, desenvolve-se a partir das sociedades agrárias, possibilitando um processo de sedentarização que concentrou na mulher a função principal desta organização social, pois ela "trabalhava na agricultura

---

5   "Tipo de sociedade onde o homem é considerado o centro e a base da família." (OLIVEIRA, 2018, p. 322)
6   "Sociedade onde se busca justificar a supremacia masculina." (OLIVEIRA, 2018, p. 322)

enquanto os homens caçavam"[7] (OLIVEIRA, 2018, p. 322). Assim, estas sociedades eram mais favoráveis à organização matriarcal, pois os ideiais de coletividade e comunidade estavam presentes tanto nas propriedades quanto na organização social do grupo.

> Caracterizava-se por ser uma sociedade uterocêntrica[8] pela policonjugalidade,[9] pela matricentricidade[10] e por uma concepção solidária de vida em comunidade, o que tornava possível a xenofilia[11] e a percepção positiva da alteridade, pois o outro não era visto como inimigo. (OLIVEIRA, 2018, p. 322)

A mulher tinha uma posição de destaque na comunidade, estando liberta da vida doméstica. Por meio da organização matricêntrica, eram passados "valores morais e éticos fundamentados na paz e na cooperação social" (OLIVEIRA, 2018, p. 323). Dessa forma, no berço de desenvolvimento meridional, sentimentos individualistas e agressividade não era encontrados.

> Nas sociedades de organização matrilinear, o poder da mulher estava baseado em seu papel econômico, e a herança biológica da mãe era mais forte e mais importante que a do pai. A mãe possuía um sacro poder e sua autoridade era ilimitada. Todos os direitos políticos eram transmitidos pela mãe e a herança era proveniente do tio materno e não do pai. Nestas sociedades, segundo Diop, era a mulher que recebia o dote no ca-

---

7   Em algumas sociedades, também havia mulheres caçadoras e guerrilheiras

8   "Expressão utilizada na obra de Carlos Moore, para referir-se às sociedades onde a principal forma de organização ocorre pelos laços de maternidade." (OLIVEIRA, 2018, p. 322)

9   "Relação vivencial e conjugal estabelecida, no âmbito de um grupo social, entre uma mulher e diferentes homens, assim como entre um homem e diferentes mulheres." (OLIVEIRA, 2018, p. 322)

10   "Forma de organização que tem como base fundamental a unidade matricêntrica, que se configura como a menor unidade de parentesco e como uma menor unidade autônoma de produção, cujos laços são definidos a partir da maternidade. Esta maternidade não se caracteriza apenas como a de caráter biológico, mas como parte da estrutura de uma organização social que tem como base a ideologia que todos aqueles que estão inseridos em uma unidade matricêntrica estão ligados por laços maternos." (OLIVEIRA, 2018, p. 322)

11   Simpatia por pessoas de outros grupos tribais.

Matriarcado × patriarcado

> samento, podendo repudiar seu marido a qualquer momento. O homem era quem levava seu clã para viver junto da mulher, pois era esta quem contribuía substancialmente para a economia. (OLIVEIRA, 2018, p. 323)

Para demonstrar sua proposta, partindo de uma análise da macro-história, Diop examina grandes reinos e impérios. Para tanto, ela considerou a autoridade econômico-política exercida pelas "rainhas que governaram de forma autônoma ou junto a seus filhos e maridos" (OLIVEIRA, 2018, p. 323), dando como exemplo as civilizações egípcia e cuchita.

> Acredita, portanto, que o matriarcado está diretamente ligado à filiação matrilinear, se apresentando como um sistema de colaboração e desenvolvimento harmonioso entre os sexos, com certa preponderância da mulher. (OLIVEIRA, 2018, p. 323)

Elisa Larkin Nascimento defende o início da humanidade na África. De acordo com essa perspectiva, os africanos teriam sido os primeiros a construir as civilizações humanas, e estas teriam servido como base para o desenvolvimento da civilização ocidental.

> Essas civilizações africanas tinham como principal característica a organização matrilinear, que passou a ser vista como uma forma primitiva de organização, pois, por um longo período, tentou-se provar a origem branca e europeia do ser humano, já que a ideia de o negro ser o primeiro humano a habitar a Europa não era aceita. Isso se explica pelo fato de o africano ser considerado como inferior aos europeus, ainda no século XX, e o próprio termo "civilização" não ser utilizado para designar as sociedades antigas que se desenvolveram na África.[12] (OLIVEIRA, 2018, p. 324)

12 "Elisa Larkin aponta que o significado da palavra civilização é utilizado relacionando-se sua origem às antigas sociedades que se desenvolveram na Mesopotâmia, apesar de indícios e pesquisas recentes apontarem que houve uma evolução anterior no continente africano, além deste ter sido palco de uma primeira revolução — a passagem da caça e da coleta à agricultura." (OLIVEIRA, 2018, p. 324)

Ifi Amadiume inicia seus estudos chamando atenção para a necessidade de cuidado com o uso de expressões e termos das culturas europeias para entendermos as culturas não europeias.

> O matriarcado, para autora, ocorre através do papel que a mulher assume enquanto mãe, dentro de uma unidade matricêntrica, sendo esta definidora da cultural matriarcal. O poder exercido pela mulher nas sociedades africanas derivava da importância sagrada que era concedida à maternidade, que era visto como algo quase divino, diferenciando o *status* e a experiência social das mulheres africanas em relação às europeias. (OLIVEIRA, 2018, p. 326)

O papel familiar das mulheres não estava restrito ao âmbito doméstico, como nas sociedades patriarcais.

3.3 Sociedades matriarcais

A matrifocalidade é entendida como princípio organizador da sociedade, e só pode ser compreendida com tal se considerarmos suas questões estruturais endógenas. O princípio matriarcal não está ligado a questões como "baixo *status* econômico, ausência de homens ou [...] exclusão econômica das mulheres" (OLIVEIRA, 2018, p. 326). No matriarcado, a organização social tem a mulher como unidade central e mais relevante da estrutura matricêntrica.

> Nesta sociedade, observa que a unidade de produção está ligada às relações de produção. Aqueles que se alimentam daquilo que foi produzido em uma unidade familiar compartilham então do espírito que emana da maternidade. Todos se encontram ligados como filhos de uma mesma mãe [...]. Todas as mães são representantes desta entidade na sociedade. A matricentricidade está presente desde o mito

Matriarcado × patriarcado

> de origem, passando pelo domínio da casa até a organização econô-
> mica da produção.
>
> A sociedade se encontra dividida em um sistema dual de sexos, um com *status* masculino e outro com *status* feminino, na classificação cultural de gênero. O componente desta sociedade classificado como feminino seria formado pela mãe e seus filhos e este fato o distingui-ria do componente masculino. (OLIVEIRA, 2018, p. 326)

Amadiume ressalta que o sistema matriarcal não engloba a totalida-de, como um governo central. Trata-se de um sistema em justaposição com outros sistemas, formando uma estrutura social. A unidade ma-tricêntrica é uma unidade ideológica, e não de produção, gerando um código moral distinto, alicerçado em valores como "compaixão, amor e paz, derivados da maternidade compartilhada" (OLIVEIRA, 2018, p. 327).

> A legitimidade do poder exercido pelas mulheres transcende a esfera doméstica e chega à esfera pública, onde a mulher exerce um poder de governo e jurídico dentro de suas comunidades, o que não represen-ta necessariamente um poder de dominação central e totalitário na sociedade. O matricentrismo também não representa a ausência do poder político central exercido pelo homem, nem uma simples afirma-ção dos direitos da mãe pelos laços uterinos, mas vai além, na esfera do poder político e jurídico exercido pelas mulheres fora do âmbito doméstico. (OLIVEIRA, 2018, p. 327)

De acordo com Oliveira (2018, p.328), as unidades matricêntricas não estão baseadas "somente em uma unidade de produção autônoma que confere um *status* político e social às mulheres", ultrapassando o am-biente doméstico, elas também são unidades ideológicas. A "matricen-tricidade é, nas sociedades africanas, uma construção cultural", mesmo estando baseada no papel reprodutor da mulher. "Essa construção tem em sua ideologia os valores do amor, do coletivismo e da proteção".

> Assim sendo, a matrilinearidade já se apresenta como o foco do poder da mulher, mesmo considerando-se o papel do tio materno, pois este só o assume por sua descendência materna. Esse tio não apenas detém esta função, sendo ele no âmbito familiar também um irmão, um marido, um filho e um pai. Portanto, o matriarcado compreendido como a soberania política autônoma de mulheres não representa a fundamentação da elevada importância social que a elas é conferida. (OLIVEIRA, 2018, p. 328)

Oyèrónké Oyěwùmí afirma que, na narrativa ocidental, existe uma lógica cultural na qual os papéis sociais estão associados ao conceito de gênero, ou seja, a um determinismo biológico.

> Os gêneros masculino e feminino são diretamente associados ao sexo biológico e determinam os papeis exercidos por homens e mulheres na sociedade. Para autora, essas categorias foram impostas nas leituras e interpretações realizadas sobre as sociedades africanas.
>
> Sua pesquisa parte da sociedade iorubá pré-colonial, onde constata que, nesta sociedade, o sexo biológico não se constituía em uma base para hierarquia social e a distinção entre homens e mulheres não era feita a partir da anatomia. O gênero não era, portanto, o princípio organizador desta sociedade até a colonização europeia. Essa característica podia ser também identificada na própria linguagem. Na língua iorubá, não existe uma tradução para feminino e masculino, pois existiam poucas associações relacionadas a construção social com essas categorias. (OLIVEIRA, 2018, p. 329)

A senioridade (idade cronológica) era o princípio organizador da sociedade, que não estava relacionado ao gênero. Assim, o centro de poder da família poderia estar em um homem ou em uma mulher. Esse princípio era "fluido e dinâmico, ao contrário daquele baseado no gênero, que se apresenta de forma rígida" (OLIVEIRA, 2018, p. 329).

Matriarcado × patriarcado

Ainda de acordo com Oliveira (2018, p. 239), analisando termos traduzidos da língua iorubá para o inglês, Oyĕwùmí aponta que o termo "ìyàwó",[13] traduzido como "esposa", não corresponde a seu verdadeiro significado na língua iorubá. Da mesma forma, o termo "ọkọ", que, no inglês, foi traduzido como "marido",[14] tampouco pode ser associado quando se analisa a organização social iorubá. Os termos "ọkọ" e "ìyàwó" eram usados para nomear as pessoas que entravam para a família a partir do casamento (ìyàwó), distinguindo-as das ligadas por consanguinidade (ọkọ). Dessa forma, não estavam relacionados aos gêneros e poderiam ser utilizados tanto para homens quanto para mulheres.

Outro exemplo dado pela autora é o termo "ọba", que significava "governante", uma posição social ocupada por homens e mulheres.

> No entanto, após a colonização, o termo passou a ser usado para se referir a "rei". Esse exemplo atesta a hipótese de Oyĕwùmí de que as categorias de gênero são uma construção social e cultural da sociedade patriarcal que se desenvolveu no Ocidente.
>
> A identidade mais importante assumida pelas mulheres nas sociedades africanas era a de ser mãe. Nas famílias africanas o princípio organizador é o consanguíneo e não o conjugal, sendo as relações de sangue que constituem o núcleo familiar. O laço mais importante desses arranjos familiares está dentro do fluxo da família da mãe. Assim sendo, o parentesco é definido a partir de laços uterinos e dentro das relações sociais estabelecidas nessas sociedades, acreditava-se que a mulher possuía poderes sagrados devido à maternidade. (OLIVEIRA, 2018, p. 330)

---

13   No português, segundo o *Dicionário yorubá-português*, de José Beniste (Bertrand Brasil, 2019), o termo "ìyàwó" também foi traduzido como "esposa". Contudo, no exemplo trazido pelo autor, "Ó șe ìyàwó", a tradução apresentada é "Ele contraiu um casamento". Dessa forma, intuímos que o termo pode ser usado para ambos e que, na verdade, tem o sentido de "cônjuge". [Nota da Editora, daqui em diante NE]

14   O *Dicionário yorubá-português*, de José Beniste (Bertrand Brasil, 2019), também traduz o termo "ọkọ" como "marido". [NE]

A independência e a autonomia das mulheres estavam presentes em atividades econômicas e na esfera política. Assim, elas eram vistas além da esfera doméstica, uma vez que ocupavam diferentes cargos, inclusive políticos de diversos níveis. Na sociedade iorubá pré-colonial, as "mulheres controlavam os mercados e o comércio de longa distância" (OLIVEIRA, 2018, p. 331).

Dessa forma, nas obras de Amadiume e Oyĕwùmí, as concepções e discursos propostos acerca "do matriarcado e da matricentricidade apresentam novos elementos" que não estão relacionados apenas à questão de gênero, pretendendo "ultrapassar as explicações e determinações biológicas" (OLIVEIRA, 2018, p. 331). As proposições delas nos fazem refletir sobre uma outra forma de "organização social", de "concepção da maternidade" e do "papel social" exercido pelas mulheres (OLIVEIRA, 2018, p. 331).

> Além disso, essa análise nos possibilita pensar em como as categorias ocidentais relacionadas a gênero e a uma determinada concepção de organização familiar não dão conta de compreender ou definir a organização social e cultural das sociedades africanas pré-coloniais. A dualidade entre masculino e feminino e os papeis sociais assumidos pelo homem e pela mulher, marcados por suas características biológicas, não são capazes de interpretar as culturas africanas sem que existam distorções. (OLIVEIRA, 2018, p. 331)

3.4 Matriarcado e ancestralidade

Ainda sobre as sociedades africanas, existem os grupos das ialodês[15] — sociedades secretas formadas por mulheres que defendiam os interesses das mulheres e que, em algumas regiões, acumularam tanto poder que

---

15 Segundo o *Dicionário yorubá-português*, de José Beniste (Bertrand Brasil, 2019), o termo "ìyálóde" quer dizer "Mãe da Sociedade, um título civil feminino de alto grau, existente em todos os distritos municipais da cidade de Ègbá". [NE]

Matriarcado × patriarcado

passaram a apoiar exércitos e grupos políticos pela disputa do poder. Ainda que usem nomes diferentes, as ialodês continuam sendo grupos fortes em certas regiões africanas.

Na mitologia africana, existem diferentes cultos: às Iami Oxorongás[16] (mães feiticeiras ancestrais), às Iabás[17] (orixás femininos, como Nanã, Iemanjá, Oyá, Oxum, Ewá e Obá), às Egbés[18] (ancestrais femininas detentoras dos segredos sagrados) e às Iebaras e pombagiras.[19]

Todas essas forças mitológicas traduzem a potência do sagrado feminino africano, ignoradas pela maior parte das estudiosas e pesquisadoras do feminismo, do matriarcado e do machismo no mundo. Mesmo literaturas clássicas, como *O segundo sexo*, de Simone de Beauvoir, *Mulheres que correm com os lobos*, de Clarissa Pinkola Estés, *Calibã e a bruxa*, de Silvia Federici, e até mesmo *O martelo das feiticeiras*, de Heinrich Kraemer e James Sprenger, parecem ignorar a profundidade da mitologia, cosmologia, filosofia e história africana e indígena, levando em conta apenas os mitos gregos e nórdicos para pensar a presença histórica da mulher. Nós, mulheres de axé,[20] revertemos a ordem hegemônica eurocristã e buscamos compreender nossa própria existência dentro de nossas matrizes étnicas ancestrais. Leitoras dos clássicos do feminismo branco, vamos reescrevendo nossa história a partir deles, mas acrescentemos autoras africanas e latinas como Patricia Hill

16 As "Ìyàmi Òṣòròngà" também são conhecidas como "Ìyàmi Àjé", expressão que pode ser traduzida como "minha mãe feiticeira", pois é formada pelas palavras iorubás "ìyá" (mãe) + "mi" (minha) + "àjé" (feiticeira). Segundo o *Dicionário yorubá-português*, de José Beniste (Bertrand Brasil, 2019) "àjé" significa "feiticeira, bruxa com a crença de que se transforma em pássaro noturno". [NE]

17 Em iorubá, o termo "Ìyá Àgbàs" faz referências às anciãs e matriarcas. [NE]

18 Segundo o *Dicionário yorubá-português*, de José Beniste (Bertrand Brasil, 2019), a expressão "Ìyá Ẹgbẹ́" refere-se à "chefe de uma sociedade de mulheres". [NE]

19 Formas femininas dos exus. Representam a energia do início e do fim, ao mesmo tempo; a neutralidade entre bem e mal; a energia ativa da psicosfera; aquela que chega ao destino um dia antes de ter partido.

20 Em iorubá, ainda de acordo com o *Dicionário yorubá-português*, de José Beniste (Bertrand Brasil, 2019), a palavra "àṣẹ" representa "força, poder, o elemento que estrutura uma sociedade, lei, ordem. [...] Palavra usada para definir o respeito ao poder de Deus, pela crença de que é Ele que tudo permite e dá a devida aprovação". [NE]

Collins, de *Pensamento feminista negro*, Angela Davis, Lélia Gonzalez, Sueli Carneiro, Djamila Ribeiro, Chimamanda Ngozi Adichie, Carla Akotirene, Juliana Borges, Vilma Piedade, Katiúscia Ribeiro, Aza Njeri, entre outras.

Ao resgatarmos a essência da cultura africana e indígena que nos foi negada pela educação formal, percebemos o quão fortes somos pelo simples fato de descendermos de uma linhagem matriarcal igualmente forte. Somente, então, percebemos a origem da sabedoria e da vitalidade ancestral que nos fez sobreviver a quase quatrocentos anos de escravização no Brasil e de exploração no continente africano até os tempos atuais, reorganizando nossa localização afrocentrada.[21]

De alguma forma, mantivemos os segredos das mulheres das quais descendemos. Nossas ascendentes continuam a guiar nossos passos, abençoando nosso orí (cabeça) para o bom cumprimento de nossos destinos.

Existem muitos pensamentos feministas como o mulherista africana, o feminismo islâmico, o ecofeminismo, o feminismo indígena, o feminismo negro, o feminismo homo e transafetivo... Enfim, são várias e complexas as formas de se perceber mulher neste planeta. Todos foram caminhos para que pudéssemos elaborar o nosso *Salve o matriarcado: manual da mulher búfala*.

Descubra o seu e viva o matriarcado!

---

21 "O conceito de afrocentricidade foi elaborado, em 1980, por Molefi [Kete] Asante, a partir da publicação do livro *Afrocentricidade: a teoria da mudança social*. O objetivo era uma conscientização em relação às opressões sofridas pelos africanos e também sobre a possibilidade de mudanças e conquistas. A afrocentricidade busca uma conscientização do africano como sujeito de sua própria história e uma análise das relações humanas partindo de interpretações que tenham como perspectiva uma nova orientação para os fatos." (OLIVEIRA, 2018, p. 318)

Conceitos básicos da luta feminista

É muito difícil entender esses conceitos, pois, em nosso dia a dia, eles estão inseridos de maneira tão sutil, que muitas mulheres os encaram como verdadeiros bichos-papões ou, simplesmente, os naturalizam e ignoram. Eu mesma já me considerei uma mulher machista, não feminista, porque achava que, pelo fato de me relacionar, afetiva e sexualmente, muito mais com homens, eu não poderia ser feminista. Ledo engano.

Sempre fui uma mulher de posturas consideradas inadequadas para a sociedade cristã-patriarcal. Vanguardista, libertária, revolucionária e muito namoradeira, sempre me achei à frente de meu tempo. Eu me achava normal, mas as pessoas que me cercavam pareciam que não me compreendiam. Não concordava com o silenciamento do universo feminino e com o racismo. Toda vez que me posicionava de forma distinta do padrão estabelecido e moralmente aceito, recebia adjetivos como "piranha", "maluca", "barraqueira", "histérica", "depravada", "racista ao inverso", entre outros. Confesso que nunca me ofendi com essas críticas; na verdade, eu as considerava um elogio e ria debochadamente da sociedade, que considerava careta e babaca. No entanto, o fim da adolescência, o início da idade adulta, a primeira maternidade como mãe solteira — papel que exerci por dez anos — e o exercício de um sacerdócio matriarcal na Umbanda pelos últimos 22 anos — sendo 16 deles exercidos também dentro do sistema prisional — me levaram para um outro lugar social de prática e compreensão do sagrado feminino. Esses papéis sociais me conduziram a um encontro comigo mesma e uma busca eterna de construção e entendimento do que é ser mulher, negra, favelada e afrorreligiosa em uma sociedade racista, machista, sexista, misógina e patriarcal.

Fui buscar entendimento em minha linhagem familiar matriarcal sobre tudo o que atravessara a vida das mulheres que me antecederam e fiquei surpresa com o nível de machismo e racismo sofrido por elas, que certamente não suportaram ou simplesmente não tiveram ferramentas para lutar contra esses preconceitos em seu tempo, sendo massacradas e exterminadas por seus opressores. Só então minha mente se abriu para melhor compreender como eu me relacionava com o universo masculino, como ele, de verdade, afetava a minha vida e como poderia lutar contra toda essa opressão. Tornei-me feminista negra, mulherista africana[1] e defensora do matriarcado.

[1] "Mulherismo africana, ou do inglês *Womanist Afrikana*, é uma forma de pensamento matriarcal afrocêntrico cunhado por Cleonora Hudson, em 1987, e desdobrado por Nah Dove, Ama Mazama, Marimba Ani, Ifi Amadiume, Mary Modupe. No Brasil, figuram nomes como Katiúscia Ribeiro, Anin Urasse, Dandara Aziza, Raissa Imani, Ama Mizani, Kaká Portilho, Marina Miranda e essa que vos escreve, que se dedicam ao estudo e ação mulherista.

Mulherismo Africana objetiva, segundo Cleonora Hudson, 'criar critérios próprios (das mulheres africanas) para avaliar suas realidades tanto no pensamento quanto nas ações'. A sua principal abordagem é materno-centrada, considerando a liderança social que as mães negras têm nas nossas comunidades.

Entretanto, ao atravessarmos o oceano Atlântico e nos tornarmos 'Amefricanos' (GONZALEZ, 1988; 2018), a concepção materno-centrada ganha novas perspectivas, não estando necessariamente ligada à gestação físico-uterina, mas, sim, a todo um conjunto de valores e comportamentos de gestar potências e permanência comunitária.

Quando partimos desta realidade, estamos definindo a luta mulherista como a possibilidade de reintegrar as vidas pretas destroçadas pelo racismo de cunho integral." (NJER, 2020)

> Uma mulher empoderada é uma mulher bem informada. Ela sabe dos seus direitos, entende o que é opressão e busca soluções para isso.
>
> (FARIA, Juliana apud TRAMONTINA, [20--?])

Para nossa formação feminista, o primeiro passo é entender alguns conceitos básicos, mas que requerem estudo contínuo até alcançarmos sua melhor compreensão. É importante entendermos que o direito das crianças, dos adolescentes e das pessoas LGBTQIA+ fazem parte da luta feminista, pois esses grupos sociais não são defendidos nem protegidos pela cultura patriarcal — ao contrário, têm suas vidas ameaçadas por esses homens, seus algozes. Além disso, a violência que sofrem costuma estar amparada no conceito de gênero — compreendido, definido e imposto pela cultura machista, que se recusa a aceitar que as pessoas têm o direito de escolher a forma mais feliz de se relacionarem afetivamente e sexualmente com outros seres humanos.

4.1 Gênero

> *[...] uma forma de entender, visualizar e referir-se à organização social da relação entre os sexos.*
>
> — Mª Eunice Figueiredo Guedes,
> *Gênero, o que é isso?*, 1995 —

Muitas vezes, o termo gênero é erroneamente usado para fazer referência ao sexo biológico. Por isso, é importante enfatizar que o conceito de gênero diz respeito aos aspectos socialmente construídos e atribuídos ao sexo. Ou seja, o gênero está vinculado a construções sociais, e não a características físicas de nascimento.

4.2 Misoginia

Sentimento de aversão patológica pelo feminino. Manifesta-se em forma de repulsa, raiva, desprezo, indiferença ou ódio às mulheres. Está sustentado em uma falsa ideia de supremacia do masculino sobre o feminino. A misoginia é a base estruturante do comportamento machista patriarcal.

4.3 Sexismo

Conjunto de atitudes discriminatórias e de objetificação sexual que buscam definir e estabelecer os papéis sociais de cada gênero e, assim, sustentar estereótipos baseados na visão binária de macho e fêmea. Essa forma de pensar, completamente limitada e distorcida, faz com que as pessoas se achem no direito de definir padrões estéticos, maneiras de pensar, agir, se vestir e, até mesmo, quais profissões são permitidas a cada gênero, como a atribuição de funções domésticas às mulheres e a exploração sexual às travestis. Sob essa perspectiva, mulheres não deveriam jogar bola, homens não poderiam tirar licença-paternidade para cuidar dos filhos e pessoas não teriam o direito de se envolver afetivamente com pessoas de um gênero diferente daquele permitido ao gênero que, no momento do nascimento, fora atribuído a ela por seu sexo biológico.

4.4 Machismo

Machismo é a manifestação de um preconceito em forma de opressão, opiniões e atitudes que se opõem à igualdade de gênero, favorecendo a superioridade masculina sobre a feminina e assegurando, dessa forma, o lugar de privilégio do macho em todas as estruturas sociais, como na família e no mercado de trabalho, e com diversas liberdades: ir e vir, sexual e em relações extraconjugais.

É possível percebê-lo nos quadros de desigualdade de direitos entre homens e mulheres, nos altos índices de violência, assédio e estupro, na objetificação da mulher e da criança, na diferença salarial, no predomínio de homens nas posições de chefia em âmbito profissional, na ausência de remuneração salarial pelo cuidado com as(os) filhas(os) e pela organização doméstica, na menor empregabilidade da mulher e na feminização da pobreza.

4.5 Patriarcado

A palavra patriarcado tem origem no grego, *patriarkhés*, e é formada pela junção das palavras *pater*, "pai", e *arkhé*, "poder", logo, "pátrio poder". Trata-se de um sistema estruturado em uma organização social na qual o homem exerce o pátrio poder sobre as mulheres e é, literalmente, dono do corpo, dos desejos, dos sentimentos e dos direitos de todas as fêmeas que estão sob sua tutela legal, social e cultural. Em algumas sociedades, esse poder se estende aos demais homens da família, como irmãos, avôs e tios.

Durante muito tempo, a concepção desse poder patriarcal permitiu, com base nas leis, que homens castigassem, punissem e matassem as mulheres que eles julgavam pertencer-lhes, quando elas os desrespeitavam ou eram desobedientes.

A seguir, exemplos da cultura patriarcal, refletida nas leis, que autorizavam práticas sociais absurdamente desiguais, violentas e injustas contra as mulheres:

4.5.1 Adultério

Em algumas sociedades, a mulher pega em adultério pode ser linchada, presa ou até mesmo morta e/ou apedrejada. No entanto, a mesma pu-

Conceitos básicos da luta feminista

nição não se aplica aos homens adúlteros. No caso do Brasil, o adultério deixou de ser crime somente em 2005 (Lei nº 11.106/05), mas ainda permanece codificado como crime em muitos países.

4.5.2 Violência no lar

Por muitos anos, era permitido ao homem bater e espancar a mulher caso ela agisse ou não se comportasse da forma como ele determinasse. Durante muito tempo, isto não era considerado crime — e ainda não é em muitos países. No Brasil, essa violência só foi criminalizada em 2006, com a Lei Maria da Penha (nº 11.340/06). Até hoje, no entanto, ainda é comum ouvirmos a frase popular "em briga de marido e mulher, ninguém mete a colher", ou seja, uma restrição para que as pessoas não interfiram na briga de um casal, quando, na verdade, não se trata de uma briga, mas de um espancamento feminino, já que o homem usa sua força física para surrar a corpo da mulher em condições absurdamente desiguais.

Depois de ter sido responsabilizado por negligência e omissão na apuração dos delitos de violência doméstica, o Brasil recebeu uma recomendação da Organização dos Estados Americanos (OEA) de realizar uma reforma legislativa que combatesse, definitivamente, a violência doméstica no país. Assim foi criada a Lei Maria da Penha.

4.5.3 Estupro

A cultura do estupro foi inaugurada com a expansão mercantilista e escravocrata, durante a qual essa violência era utilizada como arma contra a mulher para marcar território — apossando-se das mulheres, os homens tonavam-se proprietários das terras tribais —, destituir as famílias, gerar vergonha e constrangimento para as vítimas e aumentar a oferta de mão de obra para o sistema capitalista e escravocrata por intermédio da gravidez compulsória das mulheres estupradas. Desde então, a sociedade conserva este hábito velado que vai desde estupros coletivos e maritais à pedofilia em ambientes privados e públicos.

Durante um período da história, em diferentes culturas, esse ato não era considerado crime, assim como ocorreu no Brasil durante os quatrocentos anos de escravização dos corpos negros. Na Europa, sob a justificativa de gerar um aumento da população — que havia sido reduzida em cerca de 30% a 40% devido à Peste Negra (1346-1353) —, a prática do estupro não era criminalizada, mas institucionalizada, sendo aceita como prática social e medida de recomposição da natalidade. Ou seja, as prostitutas eram perseguidas e podiam ser engravidadas pelo uso da violência sexual de modo a fazer nascer novos europeus, que seriam novas mãos de obra e consumidores do capitalismo embrionário. Em alguns países nos quais vigora a sharia [ou xaria], a lei islâmica, o estupro não é considerado crime.

De acordo com a ONU Mulheres, os dados mundiais mostram uma realidade assustadora: um terço de todas as mulheres e meninas do mundo já enfrentaram violência física ou sexual durante a vida; metade das mulheres mortas em todo o mundo foram assassinadas por seus parceiros ou familiares; e a violência contra as mulheres é a causa de morte e geração de incapacidade mais comum entre mulheres em idade reprodutiva.

Segundo o jornal *Folha de S.Paulo*, o Brasil contabilizou mais de 66 mil casos de violência sexual em 2018, o que corresponde a mais de 180 casos de estupros por dia. Dados referentes ao ano de 2017 indicam que, dentre as vítimas, 54% tinham até 13 anos, o que configura um alto índice de pedofilia em um país onde, de acordo com a Secretaria Nacional dos Direitos da Criança e do Adolescente, a cada 24 horas, 320 crianças e adolescentes são vítimas de abuso.

É importante ressaltar que estes dados são subnotificados e que, portanto, não correspondem aos números reais. Muitos casos de pedofilia e estupro não são denunciados em virtude do medo e do estado de fragilidade emocional das vítimas após o crime. Os números podem ser muito maiores do que os apresentados.

Conceitos básicos da luta feminista

4.5.4 Violência psicológica

Esse tipo de violência está tão disseminado na cultura patriarcal que muitos a consideram leve ou sutil.

Presente no cotidiano de muitos relacionamentos, algumas mulheres demoram anos para perceber que estão sendo emocionalmente abusadas. Homens autoritários, machistas, pedófilos, patriarcas e, até mesmo, portadores de distúrbios psicológicos, desequilíbrios emocionais e dependência química usam de sua suposta condição de supremacia de gênero para submeter as mulheres com as quais se relacionam às mais perversas chantagens emocionais e pressões psicológicas, com a intenção de humilhar, diminuir, subestimar, ofender, magoar, ridicularizar, desacreditar e injuriar as companheiras, esposas, amantes, namoradas, filhas e enteadas, tendo como meta, simplesmente, praticar a misoginia e exercer poder e controle sobre elas.

4.5.5 Violência patrimonial e marital

São as violências sofridas por mulheres que estão dentro de casamentos ou convivem sob o mesmo teto que um homem que, na maioria dos casos, é proprietário e/ou provedor da estrutura financeira de sobrevivência. Nessa condição, se aproveitam da dependência socioeconômica que muitas mulheres têm por não trabalharem ou por terem salários mais baixos. De forma covarde, usam seu poder econômico e patrimonial para ofender, chantagear, oprimir, subestimar e as tornar reféns da situação de dependência, forçando-as a conviverem debaixo do mesmo teto de seus opressores, alegando que as ajudam a sobreviver e que, sem eles, elas não se manteriam sozinhas (prostituta doméstica). Essa situação se agrava ainda mais quando há filhos ou enteados.

Esse tipo de ato criminoso visa apenas ao prolongamento da relação que, de alguma forma, gera conforto para o opressor, e este não se sente incomodado com a situação de dor que causa à vítima e ainda se beneficia dela.

Em muitos casos, a força patriarcal é tão grande que, mesmo quando os bens e o poder econômico estão nas mãos da mulher, o macho se utiliza de uma espécie de chantagem emocional para conseguir exercer o controle.

Esse tipo de violência é bastante efetivo sobre as mulheres mais frágeis que ainda não acreditam ser possível viver sem um marido para apresentar à sociedade.

4.6 Orientação afetiva e sexual

A orientação afetiva e sexual diz respeito à atração e ao sentimento que as pessoas sentem pelas outras, não estando limitada apenas ao sexo. Assim, se a pessoa se interessa por indivíduos do sexo oposto, dizemos que ela é heterossexual (ou heteroafetiva). Se a atração ocorre por pessoas do mesmo sexo, sua orientação é homossexual (ou homoafetiva). Há também os que se interessam por ambos, os bissexuais (ou biafetivos). Pessoas do gênero masculino com orientação homossexual são popularmente chamadas de gays e as do gênero feminino, lésbicas.

4.6.1 Cisgeneridade (ou cis)

Termo que classifica as pessoas que se identificam, em todos os aspectos, com o gênero que lhes é atribuído em função de seu sexo biológico ao nascer.

4.6.2 Transexualidade

Termo genérico que caracteriza a condição da pessoa que não se identifica com o gênero que lhe foi atribuído no nascimento. Essas pessoas têm o direito de serem reconhecidas pelo gênero com o qual se identificam.

Homens e mulheres transexuais podem ou não manifestar o desejo de se submeter a intervenções médico-cirúrgicas para transformar seus atributos físicos de nascença — inclusive genitais — conforme sua identidade de gênero constituída.

4.6.3 Bissexualidade

Uma pessoa bissexual é aquela que tem interesse afetivo ou sexual por homens e mulheres. Isso significa que o(a) bissexual estabelece relações hétero e homossexuais.

4.7 Relacionamento abusivo

Os relacionamentos abusivos existem há muitos séculos. No entanto, somente agora, a sua compreensão vem ganhando espaço na consciência das mulheres. Recomendamos mergulhar no estudo deste tema, porque a maioria das mulheres passou por isso um dia e terá, fatalmente, uma filha, neta, enteada, sobrinha, irmã ou amiga que também passará. Esse tipo de violência decorre da masculinidade tóxica estruturada na cultura machista dentro da sociedade patriarcalmente colonizada.[2]

Relacionamento abusivo é todo tipo de relação em que um(a) dos(as) parceiros(as) desrespeita o(a) outro(a) de forma física, psicológica, emocional ou sexual, alimentando uma possível dependência emocional, patrimonial ou sexual — em geral, uma fraqueza que a outra pessoa demostrou, ingenuamente, no início da relação ou que se desenvolveu com a convivência.

A maioria desses(as) abusadores(as) tem em comum um traço de personalidade narcopata, e isso precisa ser bem compreendido pelas vítimas. Esse perfil foi diagnosticado pela psiquiatria nos últimos anos. De uma maneira simplista e resumida, a personalidade do narcopata apresenta uma mistura

---

2   Para uma melhor compreensão do tema, recomendamos seguir o perfil @relacionamentoabusivo no Instagram. Leia, no mínimo, dez postagens, curta e compartilhe para dividir o estudo com outras mulheres. Assim, começará a ter uma visão mais detalhada desse tipo de relação.

bombástica de transtornos, gerando uma pessoa extremamente mentirosa, egoísta, narcisista e sociopata. São indivíduos frios, muito orgulhosos, arrogantes — sempre se acham melhores que os outros —, sem empatia, manipuladores, dissimulados, viciados em trocas de parceiros e em triangulação — relacionamento a três, sem que uma ou duas das partes saiba.

Assustadoramente, eles(as) têm uma forte preocupação em manter uma excelente imagem nas redes sociais, na família e no ambiente de trabalho. Fazem de tudo para parecerem excelente pais(mães) e chefes de família, quase sempre usando a paternidade(maternidade) como instrumento de sedução. Detestam ser desmascarados(as), e, quando isto ocorre, apelam para o vitimismo, colocando-se no papel de perseguidos(as) e culpam sua história de vida ou outras pessoas por estarem perseguindo-os e tramando contra a felicidade deles(as).

Por construírem, ao longo dos anos, uma excelente imagem de bom(boa) esposo(a), muitas vezes usando a religião para fortalecer o personagem, criam uma situação ainda mais complicada para a vítima aceitar que aquela pessoa que a fere e magoa constantemente não é o personagem pela qual ela se apaixonou e que prometia ser o príncipe(princesa) encantado(a) do início da relação. Mais difícil ainda é fazer com que os familiares e as pessoas do círculo social e de trabalho acreditem que aquele homem(mulher) perfeito(a) é um(a) monstro(a) dentro de casa e na intimidade do relacionamento e da convivência familiar.

Os narcopatas quase nunca se arrependem verdadeiramente de seus erros, mas pedem desculpas com certa facilidade, visando apenas ao restabelecimento do benefício social, sexual, financeiro ou patrimonial que usufruem na relação prestes a ruir. Não têm empatia, característica marcante dos narcisistas, fazendo com que não se arrependam da dor que causam, ou seja, são insensíveis a ela.

Procuram ser excelentes amantes afetivos e sexuais, usando este atributo, no início da relação, como estratégia de sedução para facilitar a conquista da "presa", incluindo falar tudo o que a pessoa carente quer ouvir e demostrando preocupação com a saúde e a vida pessoal

Conceitos básicos da luta feminista

da(o) futura(o) namorada(o). Sempre falam mal da(o) ex-mulher(marido), colocando-se como vítimas de alguém que não lhes deu o devido valor. Dão cem por cento de atenção sexual, pois essa ferramenta de dominação é usada como estratégia de negação ou punição quando a vítima deixa de lhe obedecer ou tenta fugir de suas garras. A traição — um de seus vícios — também é uma ferramenta de punição, pois usam a troca de parceiras(os) como vingança contra a(o) oficial que desobedece ou que não atende a seus caprichos. Reforçamos que eles(as) são indiferentes à dor que causam à outra parte.

Estão sempre querendo culpar a(o) parceira(o) por não corresponder às suas expectativas de esposa(o) perfeita(o). Contudo, a perfeição que eles(as) buscam é humanamente impossível de ser alcançada, porque essas pessoas sofrem de egolatria profunda, logo, ninguém nunca lhes agrada da forma como desejam.

Por terem um ego sensível, não suportam ser contrariados(as), tornando-se pessoas muito suscetíveis à ira, o que as leva a constantes a explosões de raiva, sempre recheadas de ofensas, xingamentos e desqualificação da vítima que, no final, ainda será acusada e responsabilizada por "lhe tirar do sério", sendo a culpada por ele(a) ter ficado nervoso(a) e perdido a cabeça.

É preciso muito fortalecimento emocional para que a pessoa seja capaz de se defender dessas armadilhas de dominação. Recomendamos que leiam o máximo possível sobre o assunto, pois estamos cercadas de narcopatas que, na maioria, são homens — embora, em casos mais raros, também se registre essa personalidade em mulheres. Tanto as relações hétero quanto as homoafetivas são afetadas por eles(as). Segundo estudiosos, não há cura para a personalidade narcopata, portanto, deve-se estar atenta(o) a possíveis novas relações com esse tipo de pessoas. Quanto mais consciente, melhor.

É realmente muito difícil romper um relacionamento abusivo, principalmente porque levam-se anos para perceber, reconhecer e admitir que o sonho de uma família perfeita ou de um relacionamento perfeito foi construído sobre um relacionamento abusivo que trouxe, consequentemente, muitas dores e mágoas guardadas — até de pessoas mais íntimas que desconheciam sua dor.

Por estarem com a autoestima e a saúde emocional completamente feridas e desgastadas, muitas pessoas adoecem nesse tipo de relação. É importante não alimentar a culpa no caso de se perceber que, todo o tempo, vivia-se uma ilusão baseada na subjugação afetiva. Precisamos entender que não nos apaixonamos por uma pessoa de verdade, mas por um personagem construído, no início da relação, para nos impressionar, seduzir, conquistar e dominar. A desconstrução desse personagem é dolorosíssima, mas possível. Acredite! Muitas mulheres, como eu, sobreviveram a relacionamentos abusivos e você também pode sobreviver, buscando ajuda psicológica profissional e grupos de apoio a mulheres para se reerguer e dar os primeiros passos em busca da libertação do opressor.

Ao descobrir e conseguir admitir que você não era tão feliz quanto gostaria de parecer, terá seu fôlego renovado para recomeçar uma nova vida, primeiramente sozinha. Não caia na cilada emocional de, ainda ferida, se jogar nos braços de outra pessoa achando que ela terá o poder mágico de cicatrizar as dores que o(a) outro(a) causou. Então, permita-se um tempo sozinha para respirar e entender tudo que aconteceu, até que esteja cicatrizada e mais fortalecida emocionalmente para começar uma nova história com você mesma ou com uma nova pessoa.

Quando amadurecemos, atraímos pessoas mais maduras. Essa é a lei universal da atração. Desconstrua a mentira de que os opostos se atraem. Simplesmente atraímos pessoas que têm a mesma idade emocional que a nossa. Quando entendemos isso, fechamos nosso canal de atração para esse tipo de pessoa covarde e lançamos para o universo a informação de que queremos pessoas para somar, e não para tampar buracos emocionas e carências afetivas.

Você será feliz, nunca duvide disso!

Conceitos básicos da luta feminista

Saúde emocional de nossas mães

Como descrevemos anteriormente, o machismo está tão presente na estrutura da sociedade que, muitas vezes, pela naturalização e pela banalização da violência, parece impossível percebê-lo. Há momentos em que ele parece um gigante invencível, mesmo sabendo que, por toda a nossa existência, nós, mulheres, lutamos por respeito e igualdade. Nunca nos calamos, sempre resistimos.

O machismo é tão perverso que transforma até os homens que mais amamos em completos imbecis para as pessoas que convivem com eles dentro de casa. A masculinidade tóxica destrói a admiração que temos pelos homens que fazem parte de nossa história, aqueles que ocupam espaços em nossas vidas e que influenciaram nossa personalidade, nossos valores, nossa moral e nossa conduta comportamental. Afeta a imagem que temos daqueles homens por quem nos dedicamos por anos e que consomem ou consumiram grande parte de nossa energia existencial. Lidar com isso, naturalmente, não é nada fácil.

Eu entendo, por experiência própria, que a maior dor que sentimos ao enfrentarmos o machismo é admitir que fomos geradas pelos piores patriarcas que conhecemos, ou seja, aqueles que estão dentro de nossa própria casa, compõem nossa estrutura genética e familiar e, por esta razão, afetaram as mulheres mais importantes de nossas vidas, ou seja, nossas mães, avós e toda a nossa linhagem matriarcal.

Quando pensamos o quanto estas mulheres sofreram as consequências do patriarcado, temos muita dificuldade de entender como elas passaram tanto tempo vivendo de forma submissa, quase domesticada, junto a homens machistas. Algumas de nós levou anos para perceber e aceitar a natureza violenta desses homens que ocupam a função biológica e social de nossos pais, avôs, tios, irmãos, padrastos, bisavós, maridos, namorados, namoridos ou amantes. Essa aceitação não é nada fácil e quase surtamos com a experiência dolorida que ela nos causa. É exatamente por essa dor que muitas de nós adiamos por anos o estudo e a compreensão do que é o machismo, simplesmente porque, de forma quase natural, desejamos defender esses homens que tanto amamos. Somos ensinadas a nos calar, a nos silenciar e a aceitar violências que a sociedade, baseada na defesa do agressor, julga que merecemos, justificando-a como excesso de amor, cuidado e proteção do macho. *#sóquenão*

Não por acaso, costumo dizer que, ao redor de todo homem machista, há um grupo de mulheres que o defende, protege e, muitas vezes, compactua com sua natureza violenta por meio do silenciamento de seus atos. É doloroso admitir que essas mulheres, quase sempre suas familiares, também foram, de alguma forma, afetadas pelo machismo, e que são incapazes de perceber isso.

Ninguém em sã consciência aceitaria uma decepção familiar tão profunda de uma hora para outra. Porém, entendo que aí está o grande nó da questão. Na verdade, não estamos em sã consciência; estamos colonizadas e dominadas pela cultura capitalista patriarcal eurocristã, que nos faz pensar que toda a situação de desigualdade, opressão, violência, exploração e domínio — que é a base da estrutura social em que vivemos — é algo natural. *#sóquenão*

Desvendamos isso quando começamos a pesquisar um pouco sobre nossa história étnica, familiar e existencial. Precisamos ter coragem para pesquisar se nossas mães, nossas avós e as demais mulheres da família foram vítimas silenciadas pelo machismo tóxico dos próprios homens da família. Quando nos deparamos com o alto números de registros de violência sofrida por mulheres, crianças e pessoas homoafetivas e transexuais na cultura contemporânea, percebemos que isso não pode ser normal, muito menos natural.

A cultura capitalista patriarcal roubou parte de nossa infância, de nosso oxigênio, de nossa liberdade, de nosso direito à vida e de nossa plena felicidade. Consequentemente, ninguém pode ser furtada(o) em tantos valores primordiais, sofrer os impactos emocionais das perdas e permanecer psicologicamente saudável.

Quando começamos a estudar a estrutura capitalista patriarcal, percebemos quantas escolhas — e não atitudes — de nossas vidas foram influenciadas por essa cultura econômica machista. Decisões simples, como sair à noite sozinha, escolher a profissão que amamos, terminar um relacionamento abusivo, ser livre sexual e/ou afetivamente, se masturbar, se casar, morar sozinha... enfim, uma série de escolhas sobre as quais não temos o real poder de decisão cultural.

O efeito tóxico do patriarcado é tão perverso que alterou, inclusive, nossas relações matriarcais. Muitas de nós temos conflitos familiares — traduzidos em péssima convivência — com nossas mães, irmãs e demais mulheres do núcleo familiar. Achamos normal que mães, filhas e irmãs sejam desunidas e sempre se desentendam, chegando a se tornar inimigas, rivais e até mesmo chegando às agressões verbais e, nos casos mais drásticos, à agressão física ou até mesmo ao homicídio. Isso não é, e não pode ser considerado, normal, nem faz parte da tradição matriarcal.

As mulheres tribais viviam em harmonia umas com as outras, principalmente as que pertenciam ao mesmo núcleo ou clã familiar. Eram

Saúde emocional de nossas mães

amigas e solidárias entre elas, cuidavam umas das outras, porque era pelas mãos delas que as descendentes vinham ao mundo. O parto natural, humanizado, sempre foi feito por mulheres, até a Igreja Católica, durante a Santa Inquisição, criar a profissão de obstetra para os homens e coibir o parto natural feito por mulheres.

Conhecíamos nosso corpo porque as mais velhas nos ensinavam a lidar com ele, bem como com os ciclos lunares, menstruais, de fertilidade e de libido. Elas nos ensinavam a compreender nossas emoções, afetividades e sentimentos. Esta sororidade[1] nos permitia proteger e cuidar umas das outras, sendo quase impossível que mulheres da mesma teia familiar vivessem em conflito, desperdiçando, dessa forma, a energia existencial. Guardávamos o conhecimento e o segredo da medicina ancestral e formávamos novas deusas feiticeiras, curandeiras, rezadeiras, parteiras, iyaninfas, iyaegbés, ialorixás, pajés, sacerdotisas e bruxas. Escolhíamos, entre nós mesmas, por meio da consulta aos oráculos, aos astros e aos ancestrais, aquela que seria a mais forte em cada uma das funções, evitando, assim, o desperdício dos dons naturais que trazíamos — e trazemos — em nossa herança existencial decorrente das tribos cósmicas das quais descendemos.

Infelizmente, a modernidade capitalista patriarcal cristã pôs fim a esta sororidade. Na Idade Média, alimentaram a ideia da rivalidade entre nós até que enxergássemos umas às outras como inimigas. Inventaram o casamento por contrato; os relacionamentos arranjados

---

[1] "Em resumo, sororidade diz respeito a um comportamento de não julgar outras mulheres e, ainda, ouvir com respeito suas reivindicações.

Muitas vezes, o termo sororidade é erroneamente interpretado como se, por obrigação, as mulheres devessem gostar de todas as outras mulheres. Mas essa não é a questão, o termo refere-se sobretudo a ter empatia e sobre o exercício de cada mulher se colocar no lugar umas das outras, respeitando seus respectivos contextos.

Portanto, a sororidade é um movimento importante pois é preciso desconstruir a rivalidade que foi colocada para as mulheres e, no lugar de tal rivalidade, pautar um sentimento de união." (SANTOS, 2020)

para atender aos interesses econômicos familiares; criaram a figura da amante como aquela que cobiça e destrói tudo o que a esposa — a "mulher de casa eleita por Deus" — tem. Ou seja, proibiram que nos casássemos por amor e nos proibiram de amar as pessoas livremente, apenas para atender aos interesses econômicos, e não para formarmos famílias felizes.

Essas "esposas escolhidas" foram submetidas a regras comportamentais extremamente severas. Às mulheres foi imposta a fidelidade, o casamento eterno, a gravidez e o sexo compulsórios (estupro marital), a negação de prazer sexual (orgasmo) e a proibição de trabalhar, andar sozinha na rua, ler, escrever e amar.

Esse modo de se relacionar e de formar uma família tornou-se naturalizado a ponto de esquecermos que nem sempre foi assim. A maioria de nós nasceu em ambientes familiares com mulheres casadas no contexto anteriormente descrito. Mulheres tratadas sem liberdade e com extrema violência física, psicológica e emocional não são felizes, mas muitas de nós, principalmente as que pertencem às gerações anteriores, não conseguiam compreender o sistema machista ao qual estavam submetidas e não podiam sequer pensar em divórcio, uma vez que, no caso do Brasil, esse direito só foi concedido em 1977 (Lei nº 6.515).

Logo, precisamos compreender o contexto familiar a que essas mulheres ficaram submetidas durante anos e nos sensibilizar com o estado emocional ao qual foram levadas após tanto tempo de silenciamento e opressão psicológica, violência física, maus-tratos, violência sexual e psicológica. Precisamos nos lembrar de que apenas recentemente a pedofilia tornou-se um crime de comoção nacional. Por longos anos, muitas mulheres sofreram — e ainda sofrem —esse tipo de violação, sem nunca dizer uma só palavra a seus familiares. Entretanto, isso não significa que elas não tenham sofrido danos e consequências nefastas nas emoções, na personalidade e na forma de lidar com as pessoas e com o mundo.

Saúde emocional de nossas mães

Muitas tornam-se pessoas amarguradas e desenvolvem transtornos nervosos e psicológicos que se traduzem em agressividade, impaciência, crises nervosas, de ansiedade e de pânico, depressão, insônia e dependência química. São pessoas com personalidades complexas e, consequentemente, de dificílima convivência. Isso significa que devemos admitir e aceitar quanto mal o patriarcado pode ter causado às nossas mães e avós, e refletir sobre o assunto, o quanto isso afetou a convivência com elas.

Temos muito a pensar sobre esse tema, que propõe compreender a personalidade de nossas mães e sua interseccionalidade[2] com o patriarcado. É um exercício extremamente doloroso, pois as mulheres que não passam pelo processo de enfrentamento e superação das próprias dores acabam reproduzindo, com suas filhas e netas, o mesmo cerceamento de liberdade que sofreram. Esse é o resultado das dores silenciadas que elas guardam em segredo, em seu íntimo, e que lhes roubam grande parte da alegria e da vivacidade. O mais cruel é pensar que essas feridas, na maior parte dos casos, foram provocadas pelos homens de nossa família. É um choque, mas, a partir de nossa conscientização feminista, precisamos enfrentar, para que possamos melhorar a convivência com nossas matriarcas e tentar devolvê-las a felicidade e a infância roubada.

É difícil, mas precisamos que voltar a cuidar de nossas mulheres — daquelas que compõem nossa árvore genealógica —, como fazíamos no período tribal. Devemos entender que, mesmo que algumas mães não tenham sido diretamente vitimadas pela violência machis-

---

2   A interseccionalidade, segundo Carla Akotirene (2018, p.54), "demarca o paradigma teórico e metodológico da tradição feminista negra, promovendo intervenções políticas e letramentos jurídicos sobre quais condições estruturais o racismo, o sexismo e as violências correlatas se sobrepõem, discriminam e criam encargos singulares às mulheres negras", ou seja, como os múltiplos sistemas de opressão agem negativamente sobre a questão da desigualdade na vida das mulheres negras. Assim, "racismo, capitalismo e hétero-patriarcado devem ser tratados pela interseccionalidade, observando os contornos identitários da luta antirracista diaspórica" (AKOTIRENE, 2018, p.56), uma vez que ela "instrumentaliza os movimentos antirracistas, feministas e instâncias protetivas dos direitos humanos a lidarem com as pautas das mulheres negras" (AKOTIRENE, 2018, p.57).

Salve o matriarcado: manual da mulher búfala

ta, muitas foram criadas pelas avós, bisavós e tias, que talvez tenham sido, e isto também pode tê-las impactado negativamente durante a formação. Por isso, precisamos recriar nossas redes de apoio e sororidade para curar as feridas umas das outras. Não nascemos inimigas, fomos transformadas em rivais pelo patriarcado.

Toda essa questão se agrava quando fazemos o recorte das mulheres negras e indígenas, que trazem suas especificidades ainda mais complexas. Aprofundaremos a questão das mulheres negras em um capítulo específico destinado a elas (nós), mas precisamos registrar os maus-tratos aos quais fomos submetidas desde o período da escravidão, que perdurou no Brasil por quase quatrocentos anos. Depois desse período, o estupro permaneceu como uma constante em relação aos nossos corpos, que sempre foram tratados pela cultura eurocristã capitalista patriarcal como objetos sexualizados. A gravidez compulsória sempre nos acometeu. A ausência do reconhecimento de paternidade aliada à gravidez precoce é um costume praticado desde a época escravocrata. Não coincidentemente, isso é ainda muito comum entre as mulheres negras, se considerarmos que grande parte delas foi abandonada pelos pais. A maioria das mulheres negras não forma uma família, tornando-se — muitas de nós — mãe solteira. É como se a mentalidade colonizada eurocristã brasileira desobrigasse o pai a assumir suas responsabilidades com as filhas e os filhos das mulheres negras e pobres.

Esse grupo social também é o que registra maiores números de casos de violência dentro de casa, como estupro, pedofilia e feminicídio. Consequentemente, não podemos menosprezar o dano às vidas dessas mulheres, que têm seus estados psicológico e emocional cruelmente afetados, acarretando consequências, inclusive, na convivência com suas filhas e netas.

Assim, é impossível considerar que essas formas de violência atinjam as mulheres negras e as não negras igualmente. Por isso, as ativistas e escritoras Vilma Piedade e Carla Akotirene chamam atenção

Saúde emocional de nossas mães

para dois conceitos fundamentais — dos quais sugerimos um estudo aprofundado: a interseccionalidade e a dororidade.[3]

Nesse caso específico, precisamos muito refletir sobre a mentirosa imagem, construída no período escravocrata, de que as mulheres negras são extremamente fortes, suportam dores e trabalhos braçais como os homens, são boas parideiras e gostam de ser usadas sexualmente, simplesmente para justificar os abusos e a ausência de pudor com que as tratavam e ainda as tratam. Isso trouxe, para muitas de nossas matriarcas, uma postura de mulher forte, que precisava suportar todas as dores, as ofensas, as dificuldades, as violências e os abandonos de forma silenciosa e impávida, sem demonstrar fraquezas e fragilidades. Contudo, isso não significa que suas vidas tenham sido vividas sem dores ou traumas psicológicos.

Lembro-me de uma frase feminista, formulada para provocar uma reflexão sobre a ausência de limites do comportamento patriarcal, que diz o seguinte: "Por trás de uma mãe guerreira, sempre há um pai ausente!". As mães-solo, sejam elas da etnia que forem, guerreiam para criar filhas e filhos sozinhas, mas isso lhes custa um preço emocional altíssimo, muitas vezes subestimado pela cultura machista, como se quem dependesse do homem fosse a mulher, e não a criança. Somos julgadas e criticadas a todo momento e sempre há uma boa desculpa para isentar o homem de suas responsabilidades paternas.

Precisamos olhar com mais atenção para a saúde emocional de nossas mães, avós, irmãs etc. Precisamos lutar, sim, mas precisamos nos cuidar, e esse cuidado começa dentro de casa. Não adianta sermos feministas na rua e omissas dentro de casa! Precisamos desconstruir

---

3   "'dororidade' é a cumplicidade entre mulheres negras, pois existe dor que só as mulheres negras reconhecem, por isso a sororidade não alcança toda a experiência vivida pelas mulheres negras em seu existir histórico.

[...] A sororidade, que significa uma relação de solidariedade, cumplicidade e cuidado entre mulheres, segundo ela [Vilma Piedade], não dá conta das vicissitudes das mulheres negras.

A nossa sociedade não consegue absorver de modo natural a presença dos corpos negros femininos fora dos lugares cultural e historicamente destinados para elas, e sua dor é completamente invisibilizada." (FRANCISCO, 2017)

os machismos de nossos homens, pais, irmãos, maridos, namoridos, namorados e amantes. Para isso, necessitamos enxergar as mulheres como nossas grandes aliadas, e isso somente será possível por meio da consciência feminista que emancipa nossos corpos, liberta nossa alma e devolve nossa felicidade.

Não podemos ser feministas e manter conflitos familiares com nossas mães ancestrais. Isto é um profundo contrassenso. Vamos nos entender com as mulheres de nossas vidas, vamos ouvi-las e buscar compreendê-las de acordo com seus recortes geracionais. Feito isto, vamos às ruas fazer a revolução feminista.

Chega de ilusões patriarcais!

Micromachismos e violência masculina

Este capítulo, quase totalmente, tem base na transcrição do artigo do psicólogo latino Luiz Bonino Méndez, *Micromachismos: la violencia invisible en la pareja* (1998), que ofereceu uma excelente contribuição para a luta contra a violência de gênero, organizando inúmeras categorias de micromachismos presentes no dia a dia das relações conjugais e familiares.

Micromachismos são comportamentos muito sutis e rotineiros, quase invisíveis, de violência e dominação que os homens praticam em todas as relações com as mulheres. Normalmente, estão encobertos pela cultura capitalista patriarcal, que os faz parecer atitudes naturais. No entanto, é preciso falar ao máximo sobre este assunto para que mais mulheres, crianças, adolescentes e pessoas homoafetivas possam perceber e identificar as violências sofridas e consigam romper com essa relação abusiva e o consequente ciclo de violência que dá base para os crimes machistas.

Também é extremamente importante avaliar e debater o impacto destrutivo que os micromachismos têm sobre a própria construção do conceito social do que é ser mulher e sobre a liberdade delas. Portanto, é primordial estimularmos uma cultura pró-feminista, visando à construção de uma nova ordem social. É necessário entender como estão incorporadas as grandes estratégias de poder e encontrar suas condições de exercício nas microrrelações de poder. Dar nome às microrrelações, denunciá-las, dizer quem fez o quê, é a primeira transformação do poder.

Para que uma certa relação de forças seja mantida, mas, ao mesmo tempo, acentuada, estabilizada e espalhada, é necessário realizar manobras.

A fim de compreender a estrutura capitalista patriarcal da sociedade, é preciso entender como ela funciona e um ponto fundamental da observação é perceber como o poder está estabelecido na sociedade contemporânea. De acordo com o filósofo Michel Foucault,[1] o poder é uma microfísica que se configura como uma categoria presente no cotidiano do corpo dominado, mas de forma quase imperceptível, posto que invisibilizada. Mesmo com sua natureza opressiva, ele pode não ser percebido, mas provoca recortes na realidade que definem existências nos espaços e modos de relação.

O poder tem duas acepções mais popularmente utilizadas e compreendidas. Uma é a capacidade de autoafirmar-se, de fazer, de decidir e de existir. Para que esse poder sobreviva e se sustente, é necessária a existência de uma legitimidade social que o autorize. Em relação ao poder exercido sobre as mulheres, essa autorização social é chamada de cultura machista, que é um conjunto de regras, imposições e justificativas sociais para as violências sofridas por elas.

Outra acepção é a de controle das pessoas, basicamente, para conseguir direitos, obediência e liberdade. Para que esse poder se estabeleça, é necessário que o dominante tenha recursos sobre a outra pessoa, como bens, afeto ou poder conjugal ou parental. Esse tipo de poder tem

---

1   Cf. FOUCAULT, 2014.

a finalidade de manter relações não recíprocas, injustas e desiguais, nas quais um lado cede mais do que o outro, sendo, portanto, um lado mais privilegiado que o outro. A meta principal é subordinar e condicionar a liberdade da pessoa em diferentes campos, como pensamento, sexualidade, dependência financeira, capacidade decisória, entre outros.

A desigualdade na distribuição do exercício do poder é o que define a assimetria das relações afetivas. As posições de gênero — feminino ou masculino — são um dos pontos cruciais por onde se manifesta essa desigualdade de poder, e a família é um dos principais ambientes sociais onde ela aparece. Exatamente por isso, a cultura capitalista patriarcal legitima que o masculino é o único gênero com direito autoafirmativo: ser macho significa ser um indivíduo pleno, com a garantia de que todos os seus direitos estão realmente garantidos.

A cultura androcêntrica nega esse direito às mulheres e, assim, os machos sentem-se superiores e, por se sentirem superiores, consideram-se legitimados para exercer a soberania de suas vontades e seus caprichos sobre as fêmeas. Querem exercer poder, domínio e controle sobre elas, mantendo-as em posição de subordinação. A equação "proteção em troca de obediência" tornou-se a base das relações dos casais. Em decorrência desse intercâmbio estrutural e cultural, mantém-se o entendimento de que o universo doméstico é "patrimônio feminino", cabendo a essa mulher "protegida" a função de cuidar de todas as pessoas e desse espaço privado, sendo reservado ao macho o espaço público, onde ele se define como superior e mantém estabelecida a inferiorização da mulher.

Esse paradigma de poder e domínio masculino está estabelecido e arraigado como costume e prática. Ele se perpetua, entre outras razões, porque:

- a divisão sexual do trabalho relega apenas o espaço doméstico à mulher;
- existe a naturalização e a aceitação dessas práticas, como um axioma, nas mentes das mulheres e dos homens;

Micromachismos e violência masculina

- a falta de recursos e a deslegitimação social do direito de a mulher exercer o poder autoafirmativo são condições de vida imperativas para muitas;
- ocorre o uso do poder pelos machos de macro e micro definição, que possuem a capacidade e a habilidade de orientar e definir as relações cotidianas em prol de seus próprios interesses, crenças e percepções. Poder que sustenta a ideia do macho como autoridade, pontuando o que é correto culturalmente (SALTZMAN, 1989 apud MÉNDEZ, 1998, p. 3);
- a exploração econômica, social e cultural da capacidade feminina de cuidar e ajudar outros seres humanos a crescer delega, de forma desigual e injusta, essa atribuição parental somente a elas.

Os homens que se posicionam para enfrentar a violência de gênero podem ser vistos como traidores do universo do — como eu chamo — "califado dos machos-alfa",[2] sendo acusados de denunciar as estratégias machistas que colocam os homens em posição de poder. Normalmente, eles são vistos como menos machos que os outros e são chamados de "babacas" e/ou "viadinhos". Porém, é cada vez maior o número de homens que, atravessados pela violência de gênero em seu ambiente familiar durante a infância, buscam entender o universo feminino, uma vez que também se colocam na condição direta ou indireta de vítimas. Muitas vezes, as mulheres da vida deles, como mães, irmãs, avós e tias, foram vítimas de torturas psicológicas e/ou físicas e, por essa razão, esses homens buscam entender o universo feminino, compreender o que é o machismo e perceber como eles o acabam reproduzindo em suas ações nas relações afetivas, sociais e profissionais, na tentativa de não perpetuarem a cultura de opressão patriarcal.

---

2   No Direito muçulmano, chama-se "califado" o conjunto de princípios seguidos por chefes políticos e religiosos depois da morte de Maomé (c. 570-632).

Salve o matriarcado: manual da mulher búfala

O efeito dessa violência no universo infantil masculino pode se traduzir de diferentes formas, sendo a mais comum a formação de um novo agressor, que vai reproduzir a violência contra suas companheiras, porque entende que é dessa forma que o mundo funciona, pois é assim que as relações conjugais e afetivas lhes foram apresentadas na infância.

Outros conseguem se colocar no lugar de suas mães e suas familiares e corrigem essa postura violenta, tornando-se homens que vão defender e proteger as mulheres — os mais destemidos, talvez, tentem combater a violência de gênero mais radicalmente.

O micromachismo é uma das formas mais perversas, destrutivas e quase imperceptíveis de violência masculina. Tem por única finalidade a inferiorização ou a destruição psicológica, emocional, energética e física da mulher. Ele se enquadra na categoria das atitudes machistas disciplinadoras, cujo objetivo é manter a mulher em posição e condição de subordinação, usando a estratégia das "microviolências cotidianas", sutis e repetitivas, tais como:

- a manutenção do vínculo afetivo com a mulher para assegurar que ela não vai se rebelar e se libertar do relacionamento;
- a resistência ao crescimento intelectual, acadêmico e profissional da mulher, evitando que ela tenha condições econômicas e patrimoniais de se libertar da relação abusiva e criar independência financeira;
- tornar a mulher refém do ambiente doméstico, aproveitando-se de seu trabalho como cuidadora e mantendo, dessa forma, o controle de seu tempo e de sua autonomia.

Estes comportamentos podem ser denominados microabusos ou microviolências e visam a manter a posição de poder do macho, criando uma rede que atrapalha e limita a mulher, atentando contra sua autonomia pessoal até anulá-la como sujeito e deixá-la à disposição do macho para que este tenha o seu ego satisfeito, tempo para crescer profissionalmente e liberdade para concretizar suas realizações pessoais, em que se incluem relações extraconjugais, baladas e diversão.

Pode levar anos até que a mulher perceba essa forma naturalizada de subestimação. Porém, isto não quer dizer que ela não sinta na alma as consequências do esvaziamento de seus sonhos e suas perspectivas de vida. Muitas sofrem caladas a angústia de se sentirem alijadas de seus desejos e ambições pessoais, o que as leva a adiar por anos a realização dos sonhos pessoais e profissionais.

A mulher, que se ocupa sozinha e sem a devida remuneração salarial da administração da casa e do cuidado com as crianças, fica energeticamente exaurida, sobrecarregada e, naturalmente, não terá tempo para perceber como o homem utiliza seu tempo livre e o consequente não comprometimento com a administração do lar e dos filhos.

Esse tipo de homem é esperto em suas manobras, pois sabe a ordem social assegura vários privilégios a ele. Além do direito socialmente concedido de performar comportamentos machistas, eles permanecem em uma zona de conforto que os permite realizar seus desejos e necessidades sem ter de abrir mão de nenhum de seus privilégios sociais de gênero. Esses privilégios, muitas vezes, se sustentam por meio da opressão, do controle, da limitação, da submissão e da exploração de outras mulheres.

Essa espécie de poder moral faz com que os homens sejam sempre vistos como certos, o que lhes garante mais um privilégio: o do monopólio da razão. Quando uma mulher não se subordina aos comportamentos padronizados pelo machismo, ela é popularmente chamada de histérica, louca, exagerada, péssima mãe, péssima dona de casa, frígida, maluca, piranha... Esses xingamentos são praticamente protocolos de comportamento e de hábitos masculinos, como se a própria constituição e identidade do homem, do varão, do macho-alfa, dependessem do exercício dessas opressões para garantir a afirmação do próprio gênero. O mais lamentável é que muitas mulheres passam anos acreditando serem inferiores por não atenderem a todas as ex-

Salve o matriarcado: manual da mulher búfala

pectativas dos homens. Não é incomum desenvolverem sentimentos como baixa-autoestima, insegurança, ansiedade, insônia, dependência química e alcoólica e processos depressivos, dada a frustração sentida por não agradarem nem serem reconhecidas como boas mulheres por seus parceiros.

Alguns desses comportamentos são conscientes e outros, inconscientes, fazendo parecer, para algumas mulheres, certa inocência o desejo de um homem ter uma mulher perfeita, de acordo com os padrões socialmente atribuídos. Porém, o que muitas mulheres não compreendem é que, agindo assim, os machos tentam, além de sustentar uma situação favorável de poder, buscar, internamente, a afirmação de sua identidade masculina. Essa identidade está fortemente assentada nas crenças de superioridade e de controle, que pretendem satisfazer os desejos deles de soberania e posse da atenção exclusiva das mulheres.

Manter esse domínio também permite despertar e controlar diversos sentimentos das mulheres, como temor, medo, submissão, respeito, obediência e dependência. Essa engenharia da violência afeta o estado psicológico de muitas delas e gera a dependência emocional, que faz com que elas levem anos para perceber o nível de violência mascarada ao qual estão submetidas nas relações conjugais. Ainda assim, mesmo quando descobrem, poucas conseguem romper o ciclo do relacionamento abusivo com o agressor, porque são vítimas de sua tirania e desenvolveram dependência econômica, psicológica, afetiva e/ou patrimonial em relação a ele.

A dependência econômico-patrimonial é habilmente construída quando o agressor cria, ao longo dos anos de relacionamento, obstáculos para que as mulheres não consigam estudar ou estruturar uma carreira profissional sólida. Alguns são tão dissimulados que fingem apoiá-las. Dizem incentivá-las a estudar e a trabalhar, mas são incapazes de dividir e colaborar com as tarefas domésticas ou de assumir os cuidados com os(as) filhos(as) para que as companheiras tenham tempo suficiente para realizar suas atividades acadêmicas, intelectuais e

Micromachismos e violência masculina

profissionais, o que prova a verdadeira intenção deles: não permitir que elas tenham liberdade e autonomia.

Quando se recusam a cuidar das crianças ou a fazer as tarefas dentro de casa, sempre alegam que já são muito ocupados com o trabalho. No entanto, nós, mulheres, também somos e, ainda sim, necessitamos de tempo para construirmos nossas carreiras, mesmo assim eles não negociam esse tempo conosco. Desse modo, devemos impô-lo! Para tanto, a mulher precisa manter sua natureza selvagem viva, e não se permitir domesticar. Não fomos feitas para satisfazer os caprichos masculinos, somos potências capazes de decidir sozinhas o que é melhor para nós. Podemos fazer muito mais que isso, só precisamos nos lembrar de como somos fortes e de como nossas mães ancestrais administravam o tempo.

Os micromachismos podem não parecer nocivos, justamente por serem formas de opressão e controle que não utilizam a violência física — às vezes, nem a verbal. Porém, seu poder devastador se estende ao longo do tempo pelas relações, e o poder dos machos sobre a família pode ser detectado no estado psicológico e emocional das mulheres e das crianças.

Um micropoder importante a ser observado é a utilização do tempo livre pelo macho e a subutilização do tempo pela mulher. Isso pode produzir, em relações mais longas, um mal-estar psicofísico nas mulheres, pois afeta a saúde física, mental e emocional, além da produção intersubjetiva e da autoestima delas. Nessa situação, a condição da mulher pode ser equivocadamente confundida com características naturalmente femininas, como se a capacidade produtiva e intelectual das mulheres fosse menor; quando, na verdade, é fruto da naturalização do próprio processo de dominação e violência ao qual a maioria de nós está exposta. O micromachismo cria, a curto, médio e longo prazo, vantagens para os varões e danos para as mulheres e as relações familiares. Eles sustentam, por tantos anos, uma relação que coloca a mulher como sua adversária. Reproduzem uma postura de ausência de vínculo com as companheiras, sem manifestações afetivas, alegando

Salve o matriarcado: manual da mulher búfala

que elas não são merecedoras do carinho e da atenção deles porque o comportamento — supostamente equivocado — delas só produzem neles ressentimento e frieza. Logo, a mulher precisa ser perfeita, dentro dos moldes sociais estabelecidos para ela, para, só então — talvez —, merecer uma demonstração de afeto e carinho dele. Essa mulher está idealizada na cabeça de cada homem, uma vez que não existe no mundo real. É uma fantasia de mulher ideal que serve para alimentar a necessidade existencial dos homens de serem tratados como califas que têm sua súdita doméstica para satisfazer a todos os desejos. Caso a mulher não corresponda a essa fantasia, ele exigirá a obediência e a submissão dela e a ofertará ressentimento e frieza, como punição por ela não conseguir agradá-lo o suficiente.

Precisamos refletir sobre o quão importante e transformador pode ser o estudo desses comportamentos — tanto para o gênero feminino quanto para o masculino — para a construção de novas formas de relacionamento mais saudáveis e justas. Para as mulheres, essa compreensão parece iluminadora, emancipadora e libertadora. Para os homens, porém, a descoberta das vantagens e dos privilégios masculinos em relação às mulheres os coloca em uma situação ética que os obriga a adotar um posicionamento diferente diante de tais condições injustas, o que, necessariamente, implica a perda de seus privilégios exclusivos. Seria mais fácil falar da violência visível do que falar da violência silenciosa e velada que é praticada pelos homens dentro de casa. Falar de si mesmo é mais difícil, porque a consciência nos exige uma mudança de comportamento e impõe uma decisão entre continuar sendo machista ou não. Implica ser acusado pelo "clube varonil" de ser um traidor que revela as tramas secretas de dominação usadas contra as mulheres.

Para muitos homens, esse processo é difícil, porque precisam questionar seu lugar de supremacia e fazer uma autocrítica de suas práticas de domínio e de subjugação da mulher. Porém, se o homem não se posiciona no ambiente público, nem no privado, como reconhecedor dos privilégios patriarcais que possui, ele não está a favor da igualdade de

Micromachismos e violência masculina

direitos, da cultura da paz e da democracia, pois, em uma sociedade em que apenas um grupo social é privilegiado, não podemos considerar que a democracia esteja estabelecida. Por isso, a luta é de todas e de todos, não apenas das mulheres.

Infelizmente, muitos machos-alfa só refletirão sobre o tema do machismo e o seu impacto destrutivo e nocivo quando forem afetados de forma direta ou indireta pelos danos e prejuízos que o machismo causa — quando perdem mulheres incríveis que conseguem se libertar de suas teias de dominação, quando suas filhas, enteadas ou parentes próximas são vítimas de um crime de gênero ou quando são denunciados na polícia e passam a responder na justiça, criminalmente, por seus crimes perpetrados contra a mulher.

Existem vários homens que, publicamente, se posicionam como anti-machistas, mas alguns não passam de machos hipócritas, e só as mulheres que moram sob o mesmo teto que eles os conhecem suficientemente para medir as consequências dos machismos praticados dentro de casa na saúde emocional dela e dos filhos.

O machismo é sustentado por um traço da personalidade egoísta, e pessoas egoístas não abrem mão de seus privilégios enquanto não forem afetadas negativamente pela perda deles. Sua posição de soberania causa dor a terceiros, e não a eles próprios, por isso, não se incomodam com o mal que provocam e continuam agindo da mesma forma, até que sejam removidos da zona de conforto.

Precisamos transformar os privilégios masculinos em direitos igualitários e justos para todas e todos, o que só é possível por meio da mudança de hábitos machistas: quando os homens refletem sobre suas práticas e se propõem, efetivamente, a modificá-las, prestando atenção às reivindicações de suas vítimas.

É necessário que as mulheres estudem os micromachismos, aprendam a identificá-los, se libertem dessa forma de opressão e, em casos específicos, denunciem o agressor. É necessário aceitar que alguns homens que consideramos não ter a índole de estupradores, pedófilos, homofóbicos, agressores e assassinos de mulheres não deixam de ser machistas por causa disto. Muitos deles se mostram chocados diante de alguns crimes contra a mulher, mas, dentro de casa, são tiranos disfarçados de bons samaritanos no trato com a mulher e com a família.

O objetivo deles é anular a mulher como sujeito e forçá-la a estar disponível, a serviço do varão, impedindo que a identidade própria dela floresça. Essas atitudes se assemelham a outras formas de violência, mas estas são praticadas de forma silenciosa.

Os micromachismos são grupos inumeráveis de comportamentos quase imperceptíveis e, se não nos dispusermos a identificá-los, podem permanecer invisíveis. Uma vez alertadas sobre estes comportamentos masculinos, descobrindo e revelando diferentes formas de ele se manifestar em nossas vidas, estamos mais atentas e podemos lutar para combatê-los.

Para melhor compreensão do tema, o psicólogo Bonino Méndez (1998), que fornece a base teórica deste capítulo, nos fala de três tipos de micromachismo (mM): **coercitivo** (direto), **encoberto** (controle oculto e indireto) e de **crise**. Cada um deles agrega uma mistura de manobras do macho sobre a fêmea.

6.1 Micromachismo coercitivo

Utiliza a força — moral, psíquica, econômica e da própria personalidade — para dominar a mulher, limitar a liberdade e roubar o pensamento, o tempo e o espaço dela, restringindo a capacidade de decisão dela. Fazem com que ela se sinta sem razão, alimentando sentimentos de derrota e acusando-as de fracassarem em suas escolhas, pois elas não têm força suficiente para decidir sozinhas e, portanto, não conseguem tomar as melhores decisões. Tudo isso promove inibição, falta de confiança nelas mesmas e diminuição da autoestima, o que gera mais dependência emocional e aumenta o poder do macho sobre a fêmea.

São tipos de micromachismos coercitivos:

Micromachismos e violência masculina

6.1.1 *Intimidação*

É a forma de violência psicológica mais aterrorizante e com maior poder destrutivo sobre a saúde emocional da mulher, principalmente quando o varão tem fama de agressivo, ainda que de forma fantasiada. Esse comportamento causa uma instabilidade emocional na mulher, que pensa o tempo todo que, se não obedecer, agradar ou fazer o que o homem quer, algo pode acontecer a ela. É uma arte de intimidar. Pode ocorrer de forma implícita, por meio da linguagem corporal masculina — pelo olhar, tom de voz, postura, movimentos corporais, resmungos e falas — e podem servir para ameaçar a mulher, mesmo que não verbalmente. Para fazê-la acreditar que a ameaça pode se concretizar caso ela desobedeça, é necessário que o homem a lembre de sua dependência por meio de demonstrações de poder abusivo, seja ele físico, psicológico, financeiro, sexual, patrimonial ou sobre os filhos.

Este mM também é praticado por meio de uma ação unidirecional de cerceamento e pressão sobre a mulher quando o macho tem um desejo. A mulher não consegue escapar de seu cerco até fazer o que ele quer, como quando ele deseja fazer sexo, ver um filme, comer algo, ir a algum lugar, e a ela não quer.

6.1.2 *Controle do dinheiro*

São muitas as estratégias que os homens usam para controlar o dinheiro e não partilhar a decisão sobre o uso com as mulheres. Com base na crença patriarcal de que o dinheiro é patrimônio masculino, seus modos de apresentação são vários, como não dar informação sobre o uso, o controle de gastos e os detalhes de utilização do dinheiro familiar, além de sua retenção para obrigar a mulher a pedir.

Aliás, definir o trabalho doméstico e o cuidado com os filhos como deveres exclusivos das mulheres é o principal argumento usado pela cultura capitalista patriarcal para manter o homem como trabalhador assalariado e a mulher, não. Assim, a balança econômica sempre terá o homem como acumulador de capital e, consequentemente, de poder e riqueza.

6.1.3 Não participação doméstica

Com base na crença de que o ambiente doméstico privado é feminino e que o espaço público é masculino, esta manobra de mM é utilizada pelo macho para impor à mulher que cuide do ambiente comum a todos(as) os(as) moradores(as) da casa, enquanto ele se abstém da responsabilidade, negando-se a dividir as tarefas que são pertencentes a todo o grupo familiar que habita na residência e usufrui dela igualmente.

6.1.4 Uso abusivo do espaço físico e do tempo para si

Este grupo de mM se sustenta na ideia de que o espaço e o tempo são de domínio masculino e que, portanto, o homem tem o direito de usá-los e dispor deles como quiser. A repetição desse comportamento através das gerações faz parecer que esse poder e esse comportamento são naturais do gênero masculino, não sendo necessário, por esta razão, negociar os espaços e as tarefas domésticas. Assim, o macho ocupa a casa como bem entende, monopoliza o uso da sala, impedindo sua utilização como espaço democrático de convivência familiar, apodera-se da televisão e apropria-se do sofá e da cama, ocupando, com as pernas e o corpo, todo espaço possível, como se tais móveis não fossem para uso compartilhado.

Quanto ao tempo, os machos criam momentos de descanso e lazer às custas da sobrecarga laboral doméstica da mulher. Justificam, por exemplo, a necessidade de tomar um chope com os amigos para desestressar, criam atividades "inadiáveis", como cursos, pós--graduações, futebol, reuniões de trabalho fora do horário formal,

Micromachismos e violência masculina

entre outras, simplesmente para passarem o máximo de tempo possível fora do ambiente doméstico. Sempre estar muito cansado ao chegar em casa é a grande desculpa para não ouvir as solicitações de compartilhamento das tarefas, como se elas não fossem, igualmente, uma forma de trabalho e como se não causassem exaustão, cansaço e sobrecarga nas mulheres.

6.1.5 Insistência abusiva

Conhecida pela expressão "ganhar pelo cansaço", esse mM consiste em obter o que se quer por meio de uma insistência inesgotável que provoca angústia e ansiedade na mulher. Esta acaba realizando o desejo imposto pelo macho em troca de um pouco de paz.

6.1.6 Apelação da superioridade da lógica varonil

É uma prática que recorre à lógica do macho para provocar situações desfavoráveis para a mulher. Utilizada por homens que acham que têm sempre a razão, não leva em conta os sentimentos e as formas alternativas de interpretação, pois supõem que a simples exposição de seus argumentos lhes garante o poder final de decisão, sem ouvir nem dar atenção aos apelos da mulher. Não se cansam de lembrá-la de sua suposta posição inferior, sendo ela, inclusive, obrigada a ouvi-lo. Um exemplo desse mM bastante opressor é o fato de os homens sempre escolherem os lugares onde querem estar presentes, ou não, alegando que certos ambientes e certas pessoas da rede de relacionamentos pessoais da mulher não lhes agradam. É muito eficaz com mulheres mais sensíveis que não estão habituadas a encarar a realidade e que preferem evitar brigas para manter a imagem de um relacionamento feliz. Essa manobra é uma forma especial de mM que manipula a mulher na definição de seriedade do que ela mesma fala, propõe ou pensa, gerando baixa autoestima e falta de confiança em si mesma. Um bom exemplo também é quando o macho encerra o assunto, dizendo que não vai falar sobre as bobagens que ela pensa, ou diz que não vai nem responder.

6.1.7 *Apreensão repentina ou abandono do comando da situação*

São manobras decorrentes dessa suposta superioridade da lógica varonil, que permite ao homem decidir sem consultar, anular e não levar em conta a decisão da mulher. O varão seria o único com o direito de decidir. Isso pode se dar por meio do abandono do debate, o que lhe permite decidir sozinho e faz com que a mulher se sinta culpada por não respeitar, obedecer em silêncio a decisão dele ou causar algum aborrecimento pela simples contestação.

A manipulação sobre o uso do controle remoto da televisão, o poder de decisão absoluto sobre situações que envolvem a mulher — como definir se alguns parentes, vizinhos e amigos dela podem visitar ou frequentar a casa — são exemplos desse micromachismo. Alegam, nesses casos, que precisam de tempo com a esposa, pois, já que trabalham muito e passam pouco tempo dentro de casa, o tempo dela precisa estar ao seu serviço e ao seu dispor. No entanto, não levam em consideração o tempo gasto na rua com seus prazeres pessoais e, quando estão dentro de casa, permanecem absortos e indiferentes à companhia da companheira, ocupados com funções pessoais como o celular, videogame, televisão e conserto de carro.

Quando se sentem incomodados com as intervenções, os apelos e as tentativas de diálogos por parte da mulher, acabam limitando ainda mais a já minúscula esfera de poder e atuação dela, sob a constante ameaça de abandono, justificando a máxima expressa no ditado popular: "ruim com ele, pior sem ele".

Micromachismos e violência masculina

6.2 Micromachismo encoberto

Por sua índole insidiosa e sutil, o que os torna quase invisíveis quanto à intencionalidade, estes mMs são as estratégias mais eficazes contra a igualdade relacional e o alcance da autonomia feminina. Por meio deles, o varão oculta suas intenções — e, às vezes, se oculta, a fim de exercer domínio e imposições à mulher. O real objetivo dessas manobras é tão encoberto, pois muitas delas são extremamente sutis, que elas passam completamente despercebidas, razão pela qual são muito efetivas. Não utilizam a força, como os mMs coercitivos, mas a manipulação dos afetos e sentimentos, diminuindo o pensamento e a autonomia da mulher, induzindo-a a fazer o que ele quer em troca de um elogio do varão. Ao agradá-lo, ela desestabiliza sua autoconfiança efetiva e é tomada de um sentimento de desvalorização e impotência que gera confusão, dúvida, ansiedade e culpa.

Essa coerção é evidente, pois visa a provocar a descrença em si mesma e a falta de confiança e autoestima da mulher, que ressente não ser respeitada em seus pensamentos e abrir mão deles em busca de um elogio do macho. Ela se torna refém de uma busca eterna por um comportamento padrão que a faça merecedora do reconhecimento, da admiração e da aprovação do varão.

Por não revelar seus reais objetivos, esses mM podem não ser facilmente percebidos, mas seus efeitos danosos conduzem a mulher a uma reação retardada — segundo os homens, exagerada — por não conseguirmos agradar o macho, que manifesta sua insatisfação por meio de mau-humor, frieza e um estado de raiva constante e sem motivo. Esse comportamento masculino é, muitas vezes, considerado normal e, por isso, é muito efetivo para que o varão leve adiante seus desejos, suas vontades e suas razões. Seus efeitos são devastadores com mulheres que desenvolvem uma grande dependência da aprovação masculina. No geral, utilizam-se de uma completa mistura de sentimentos e emoções. Entre esses mM, podem-se detectar alguns que se manifestam em uma profunda e astuta mistura de execuções.

6.2.1 Abuso da capacidade feminina de exercer cuidados

Este é o comportamento micromachista mais endossado e silenciado pela cultura. Por ele, o homem explora e utiliza a capacidade supostamente natural que a mulher teria de cuidar de outras pessoas, como filhos, pais, avós etc. Porém, o desenvolvimento dessa característica comportamental, na maioria das mulheres, é fruto da socialização que lhes é imposta e que as obriga a ser alguém a serviço dos outros. Em relação ao trabalho remunerado, essas manobras forçam, limitam e induzem as mulheres a serviços específicos, como babás, empregadas domésticas, secretárias, assistentes, professoras, enfermeiras, ou seja, importantíssimas profissões para a sociedade, mas que sempre trazem a ideia de cuidado com o outro em sua prática, estando essas vagas, em sua maioria, ocupadas por mulheres.

A imposição da função de cuidadora do lar impõe à mulher um sobre-esforço físico e emocional que, muitas vezes, a leva a um esgotamento que lhe tira a energia vital. Por meio dessa manobra, os homens abusam dos benefícios do cuidado feminino e colocam a disponibilidade feminina a serviço — nem sempre remunerado — da qualidade de vida dele. As estatísticas mostram que a saúde psicofísica dos homens aumenta durante o matrimônio, enquanto a das mulheres piora, justamente porque eles dispõem de mais tempo de ócio, inclusive para terem relacionamentos extraconjugais e lazer individual. Um grupo de estudiosas do feminismo chama esse comportamento de "vampirismo", já que ocorre por intermédio da extração e do esvaziamento da energia vital da mulher, conforme verificaremos a seguir.

6.2.1.1 Maternalização da mulher

A pressão para que a mulher seja uma mãe-padrão, cuidadosa e compreensiva é uma prática impregnada no comportamento machista. Entre as inúmeras faces dessa manobra, estão: pedir, fomentar e criar

Micromachismos e violência masculina

condições para que a mulher priorize o cuidado incondicional da casa e da família, sobretudo do macho, deixando de lado seu desenvolvimento profissional em função do sonho de ter um "filho prometido" com um "bom pai". Não desconsidere a importância de que é ela quem está cuidando da criatura manipuladora para que ele seja o macho-alfa respeitado por todos.

Este mM também acontece quando nasce o(a) primeiro(a) filho(a) e a companheira deixa de ser vista como mulher, passando a ser vista apenas como mãe pelo o resto da vida. Isso provoca um efeito colateral direto na vida sexual do casal, já que o macho se considera merecedor de uma companheira que tenha um corpo padrão perfeito e que lhe dedique atenção total e exclusiva. Em decorrência da maternalização da mulher, depois do nascimento das crianças, têm início — ou se intensificam — as relações extraconjugais do macho e, muitas vezes, o fim do relacionamento. O macho quer ter filhos e formar uma família, mas não quer ser respeitoso e compreensivo com as transformações que o corpo e a mente da mulher sofrem durante o longo período de gestação, que ultrapassa os nove meses de gravidez, se estendendo até após a amamentação e a infância da criança.

Esse mM também é expresso na forma como os homens se cumprimentam socialmente, quando quase sempre se perguntam "E a família, como vai?", diferentemente das mulheres, que normalmente perguntam "Como você está? E as crianças, estão bem?", pois sabemos que o macho está sempre bem.

Chama atenção nesse mM as mulheres não conseguirem revelar o mal-estar provocado pelos homens à família, causando um silenciamento da infelicidade e dos problemas provocados pelo comportamento machista do Barba Azul[3] dentro de casa. É como se os varões precisassem exibir suas famílias, uns para os outros, como um troféu de patriarca

---

3 Barba Azul é o personagem principal de um famoso conto infantil escrito por Charles Perrault em 1697. O conto "La Barbe-Bleue" tinha como personagens um nobre violento e sua esposa curiosa.

Salve o matriarcado: manual da mulher búfala

feliz, afirmando todos os seus privilégios de macho, já que podem fazer tudo o que quiserem, ter amantes, divertir-se, distrair-se e impor as regras dentro das próprias casas, como se esses fossem direitos exclusivos conquistados por cumprirem seu suposto dever social de manter a família, e como se apenas eles fossem os responsáveis por isso.

6.2.1.2 *Delegação de cuidado e vínculo com as pessoas*

São manobras baseadas na crença de que tudo o que é doméstico é conexo ao feminino. A crença popular de que a mulher é naturalmente apta a realizar as tarefas de cuidado e zelo com as coisas e as pessoas e de cuidar vitaliciamente da família, da casa e do desenvolvimento da cria limita a autonomia da mulher, ao passo que o homem vive livre dessa função que, obviamente, ele não quer fazer. O cuidado com os sogros e as sogras, nos países mediterrâneos e latinos e em setores populares e periféricos, é um exemplo comum desse mM e impõe à mulher um forte desgaste emocional.

6.2.1.3 *Requerimentos abusivos*

São comandos dados pelo homem, sem que ele precise falar explicitamente o que quer, já que é um suposto dever da boa esposa adivinhar o que o macho deseja, e esta é uma prova de sua total subserviência. A mulher atende aos desejos do homem, sem perceber que está agindo por coação e, na verdade, pela vontade de ser reconhecida como boa esposa. Cuidar dos filhos doentes, da alimentação da família, dos animais, dos familiares e amigos, do cumprimento dos horários da rotina familiar — mesmo aqueles determinados arbitrariamente pelo macho —, do silêncio imposto para garantir o descanso da mente masculina em seus momentos de folga — para que o homem possa dormir até a hora desejada quando está em casa — são ordens atribuídas, desde cedo, exclusivamente às mulheres, ensinando-as que a subserviência é a condição de sua existência.

Considerado o único provedor da família, o macho utiliza, consome e desfruta do conforto do lar, sendo servido e cuidado pela mãe, pela esposa e pelas filhas, desconsiderando que esse tipo de *resort* doméstico que ele deseja encontrar em casa é garantido pela exploração e pela sobrecarga do trabalho feminino.

Nessa ação está embutido o conceito de vitimismo do macho provedor, que culpa a mulher quando ela deixa de cumprir alguma das tarefas impostas, pois ele é o grande trabalhador que não está sendo respeitado em seu momento de descanso. Cabe à mulher a tarefa doméstica solitária e tensa de fazer os filhos ficarem quietos para não deixar o pai/patrão aborrecido, sendo obrigada, compulsoriamente, a educar e cuidar de seus enteados, caso o homem tenha filhos com outra mulher.

6.2.2 *Criação de falta de intimidade*

É comum dizer que os machos têm dificuldade para demonstrar afeto e estabelecer intimidade por conta de sua natureza, quando, na verdade, esse é apenas mais um dos comportamentos masculinos impostos pelo patriarcado e ensinado aos meninos desde a mais tenra idade. Esse recurso de dominação mostra, no dia a dia, como manobras ativas de estranhamento, distanciamento e frieza podem contribuir para que o homem não seja obrigado a demonstrar os sentimentos, permanecendo emocionalmente distante do universo feminino. Meninos ensinados a esconder seus sentimentos e suas dores se tornam homens insensíveis, dominadores e violentos.

A insensibilidade, permitida como constituinte da essência masculina, contribui para a manutenção do poder masculino, que usa a frieza e o distanciamento como barreiras para não ouvir nem estar atento ao sofrimento feminino causado por ele, justamente porque não quer perder seus privilégios. Ao homem, são garantidos o direito do silêncio e o poder da última palavra, sustentados pela crença em sua superioridade varonil. Isso lhe permite controlar as regras do diálogo, encerrando conversas ou não dando mais explicações sobre os assuntos abordados. A insensibilidade vantajosa, o poder da última palavra e o silêncio são privilégios concedidos ao homem pela cultura patriarcal. A mulher, além de silenciada quando não convém escutá-la, é obrigada a dar todas as explicações e respostas aos questionamentos do macho.

6.2.2.1 Silêncio

A recusa em falar e, especialmente, em falar de si, é uma atitude recorrente dos varões desde tempos imemoriais. Independentemente das razões internas que levam os homens a estar em silêncio — o que muitas vezes é gerado pela sensação de impotência —, esta atitude é mais uma manobra de dominação na relação com a mulher. Permanecer em silêncio não é, simplesmente, não falar, mas não se sentir obrigado a falar e dar explicações, recurso que só pode ser usufruído por quem tem poder.

Recusar-se a falar significa poder mascarar explicações e controlar as regras do jogo, usando a impossibilidade do diálogo, a ausência de respostas e a omissão da verdade, como se esse comportamento evasivo fosse uma condição para o exercício da autoridade. O homem monopoliza um recurso que esconde informações sobre si (pensamentos e emoções), enquanto a mulher — silenciada e obrigada a aceitar o silêncio do outro —, vive a tensão de precisar estar sempre atenta e perceber quando o macho parece acessível ou disponível para não o incomodar. A insistência da mulher é entendida pelo varão como perturbação e aborrecimento, pois ele não se reconhece como a causa original dos questionamentos dela e não aceita o diálogo como estratégia para resolver os conflitos. Fechar-se em si mesmo, não dialogar, ser monossilábico, não perguntar, não escutar, falar por falar, sem se comprometer, e mentir, sob a alegação de que se sentia pressionado, estabelece uma ordem de silêncio que preserva o conforto e o poder do macho.

Este mM também é muito comum quando a mulher descobre ou desconfia de um relacionamento extraconjugal do(a) companheiro(a). Além de negar, de esconder a verdade e de silenciar os questionamentos da mulher, o homem se envaidece com a demonstração de ciúme, em vez encarar as lacunas e os problemas apontados por ela. É uma

Micromachismos e violência masculina

prática masculina negar até o fim. O objetivo da negação é levá-la a um desgaste sobre-humano, até que descubra sozinha as evidências do caso e consiga "provar" que ela estava certa sobre a existência da amante dele(a).

Este mM leva muitas mulheres à exaustão psicológica, pois percebem as evidências, veem os fatos, mas o macho continua a negar, chamando-as de loucas e ciumentas, fazendo com que elas gastem tempo e energia para investigar a verdade, até que ele decida confirmar os fatos. Ou, ainda, mesmo diante da verdade explícita e incontestável, continua a negar as evidências, fazendo com que a mulher pareça uma lunática desequilibrada pelo ciúme. Muitas mulheres são levadas a um colapso nervoso nesses momentos, e muitos desses casos terminam em homicídio — que pode ser cometido por ambas as partes — devido ao nível de estresse que esse silenciamento provoca. Esses conflitos — muitas vezes na frente das crianças — poderiam ser evitados, simplesmente, com a admissão da verdade desde o início do romance.

Somos emocionalmente educadas a romantizar essa manobra, o que leva algumas mulheres a achar o comportamento de um homem de poucas palavras misterioso, charmoso e sedutor. É comum ouvir frases protetoras e compreensivas para justificar este mM, tais como: "Ele é muito quieto, vive na dele e não me perturba", "Ele não consegue se abrir" e "Ele é muito fechado", "Ele tem traumas da infância", "Ele tem traumas do último relacionamento porque a ex-mulher o traiu". Todas essas frases são tentativas de a mulher justificar — para si mesma e para as(os) outras(os) — o privilégio da tirania do silêncio que ele impõe sobre ela. Aceitando e reproduzindo essas falas socialmente construídas, a mulher se mostra resiliente e o macho mantém-se livre dos questionamentos e das queixas da mulher.

A utilização dessas frases nos relacionamentos é mais uma demonstração cabal da manipulação dos homens sobre as mulheres. Na verdade, eles mascaram os sentimentos para não reconhecerem que os argumentos delas podem ser válidos, o que, na visão deles, os faria perder a batalha, sendo pegos na mentira que alimentam com a imagem de homens corretos.

6.2.2.2 Isolamento e fixação de limites

São manobras de distanciamento e imposição de não abordagem que, geralmente, são usadas quando a mulher deseja intimidade, respostas ou proximidade e não se sente inibida pelo silenciamento dele, ou seja, quando ela fura o bloqueio que o silêncio pretendia impor. É quando o homem estabelece regras de contato e intimidade, impedindo que ela fale com ele ou chegue perto.

O isolamento pode ser físico — restringindo algum espaço da casa ou alguma atividade somente a ele — ou mental — o homem se fecha em seus pensamentos. Se a mulher rompe o limite de distância física ou mental estabelecida pelo varão e solicita informações ou proximidade, ele se mostra irritado. Essa reação de raiva ou ira explosiva, que ocorre nesses momentos, geralmente se dá por meio de frases defensivas e ofensivas e tem um efeito paralisante, cumprindo o objetivo de inibir a invasão feminina. Algumas dessas frases são: "Me deixa em paz!", "Estou ocupado!", "Não me dê problemas!", "Não me incomode!", "Você nunca está satisfeita!", "Não me perturbe!", "Faço do meu jeito!", "Estou o dia todo trabalhando, quero paz!", "Preciso dormir!", "Estou farto!". O homem se diz invadido, acusado e perseguido, e isto é o suficiente para que ele se sinta desobrigado a posicionar-se diante das reclamações da mulher.

Como consequência, muitas vezes, a mulher é punida com mais isolamento, mais raiva, mais desprezo e mais frieza. Não é incomum que essa manobra preceda as agressões físicas.

6.2.2.3 Ganância de reconhecimento e disponibilidade

São múltiplas manobras de diminuição do reconhecimento da mulher como pessoa e de suas necessidades, valores, contribuições e direitos. Por meio da criação de obstáculos que consomem o tempo dela na função solitária e sobrecarregada de mãe, esposa e cuidadora, não sobra tempo para que ela se dedique aos estudos e ao trabalho, não investindo em uma carreira acadêmica nem profissional.

Outrossim, desvalorizam ou subestimam o trabalho da mulher, tanto o remunerado quanto o doméstico, considerando que ele não tem a mesma importância que o dele. Quando a mulher trabalha de casa ou leva trabalho para o lar, suas atividades ficam comprometidas, pois ela não tem respeito nem apoio do marido, que requer toda a atenção e todo o tempo disponível dela para ele e para o que ele determinar.

Os homens utilizam a carência de atenção como uma moeda de negociação e sedução para que ela ceda aos desejos deles em troca de palavras dóceis, carinhosas e elogios. Esse comportamento atinge com maior impacto as mulheres mais frágeis, amedrontadas e inseguras, que se tornam mais facilmente dependentes dessas "migalhas de carinho", aumentando, assim, a dependência emocional desse homem. Para que consigam receber um mínimo dessa forma condicional de afeto, a mulher precisa atender plenamente às exigências impostas.

Essa dependência pode atingir o grau máximo no caso de a mulher ter sido vítima de algum tipo de violência ou abuso na infância ou em relacionamentos anteriores. O homem percebe isso e abusa desse poder coercitivo, utilizando as diferentes formas de micromachismos cotidianos.

Esse mM supervaloriza o pouco que o homem oferece para a mulher, embasando-se na ideia de que o escasso costuma ser valioso. Assim, ele oferta o mínimo e exige que ela dê o máximo de importância às necessidades dele. Algumas frases exemplares desse mM são: "Você não percebe que eu só vivo para você e para a família?", "Você não vê que eu faço tudo por você?", "Se você sabe que eu te amo, por que precisa que eu diga?", "Você é burra? Não vê que tem um monte de mulheres que querem um homem como eu?".

Salve o matriarcado: manual da mulher búfala

6.2.2.4 *Inclusão invasiva de terceiros*

Nesse comportamento, inclui-se a decisão unilateral de forçar a mulher a conviver com os amigos dele, mas deixando-a isolada, sem participar das conversas, e, habitualmente, servindo a todos os presentes. Com essa manobra, ele limita ao máximo a proximidade da mulher e os espaços de intimidade deixam de existir. Ela se acha incluída nos programas sociais, religiosos e profissionais dele, sente-se prestigiada porque ele permite sua presença em sua rede de amigos, no entanto, é mantida à distância, como uma estátua, silenciada, sem poder interagir na conversa, porque é constantemente cortada por ele ou porque ele não deixa de controlá-la com o olhar, fingindo ciúmes — o que, tradicionalmente, é entendido como demonstração de amor —, ou para evitar que ela "fale besteiras". Além disso, muitas vezes, a mulher é acusada de ser pouco sociável, não saber conversar, ser antipática ou, quando passa dos limites da interação permitida, é considerada oferecida demais.

6.2.3 *Pseudo-intimidade*

Nesse grupo de mM, os homens dialogam, mas manipulam o diálogo a fim de estabelecer o controle e ocultar seus verdadeiros pensamentos, deixando a mulher com menos poder e espaço de fala, retratando as falas dela ao se expressar. Isto se intensifica quando ele teme que alguém diga à mulher algo que deponha contra ele.

Este tipo de mM pode ocorrer em qualquer ambiente: quando os homens não deixam a mulher falar, sempre interrompendo a conclusão dos pensamentos dela ou confrontando todas as ideias que ela apresenta, simplesmente porque não aceitam que uma mulher tenha mais tempo de fala ou colocações melhores que as deles.

Muitas vezes, são grosseiros ou utilizam palavras elegantes e suaves, mas sórdidas e destrutivas, para pôr termo e desqualificar a fala da mulher. Bastante comum em reuniões de negócios, trabalhos em grupos,

Micromachismos e violência masculina

reuniões familiares, mesas de bar e reuniões entre amigos e amigas, esse mM está presente no dia a dia das mulheres, cujo desenvolvimento dos pensamentos é constantemente interrompido por homens que, aparentemente, estão dispostos a dialogar, mas que, na realidade, não estão dispostos a ouvi-las.

6.2.3.1 Comunicação defensivo-ofensiva

Esse mM revela que o objetivo da comunicação não é o diálogo, já que a fala masculina tem sempre um tom de imposição e convencimento, em detrimento da fala feminina, que é sempre desqualificada e inferiorizada. As defesas e os ataques têm a intenção de atender aos caprichos e às razões do macho, e não a de abertura ou negociação. Em suma, as conversas já são iniciadas com um objetivo definido: humilhar a mulher e reafirmar a autoridade masculina.

6.2.3.2 Enganos e mentiras

Esse mM ocorre, frequentemente, quando o homem quebra promessas, nega o óbvio, nega descobertas de infidelidade etc. Ele geralmente vem acompanhado de um comportamento lisonjeiro para tentar agradar a mulher e compensar a falha de caráter. O homem esconde ou omite informações para desfigurar a realidade e continuar usufruindo de sua condição privilegiada, pois sabe que, se for sincero, a perderá. Esconde da mulher o que não convém que ela saiba para não arriscar perder, fundamentalmente, seu poder de decisão.

O uso do dinheiro também é, muitas vezes, um domínio exclusivamente masculino. O homem nega à mulher o conhecimento dos gastos, alegando que o dinheiro é fruto, apenas, do trabalho dele, desconsiderando que é o tempo de trabalho doméstico da mulher que garante e permite que ele se dedique a outras atividades, inclusive as remuneradas. Sob a alegação de estarem sempre muito ocupados, eles não reconhecem os erros, mesmo cientes de que foram cometidos, e seduzem com ofertas que não estão realmente dispostos a cumprir — especialmente compreensão e colaboração — para adoçar a mulher, fazê-la amansar e baixar a guarda. Este mM permite que o homem mantenha seus privilégios enquanto impede que a mulher tenha acesso igualitário a informações e oportunidades.

6.2.4 Repúdios

Essas manobras têm base na crença de que o homem possui o monopólio da razão, estabelecendo uma hierarquia entre os gêneros que define quem está certo e quem está errado. O homem ocupa um lugar que lhe dá o direito de julgar as atitudes da mulheres, sem estar, no entanto, submetido à mesma linha de julgamento. Pressupõe o direito de menosprezar o sexo oposto e rejeitar seus questionamentos.

Eles inferiorizam a mulher por meio de inúmeras desvalorizações, reproduzindo comportamentos da cultura patriarcal que atravessaram gerações, afetando, desta forma, a autoestima feminina. Um gesto desdenhoso, amplamente utilizado para exercer esse tipo de mM, é perguntar, por exemplo, por que a mulher está com "cara de bunda", pois, para ele, a mulher deve mostrar-se sempre sorridente, mesmo que tenha sido ferida ou magoada por ele, como se a expressão de suas dores e seus incômodos fosse apenas vitimismo ou sentimentalismo. Entre as formas de rejeição, temos subgrupos diferentes, tais como:

6.2.4.1 Desqualificações

Representam o direito de avaliar negativamente as atitudes da mulher, subjugando-a e retirando-lhe o direito de ser valorizada e apreciada, a menos que obedeça às regras do homem e faça sempre o que ele quer, pois ele é quem, supostamente, possui o domínio da razão. Para isso, utilizam diferentes tipos de expressões e rótulos para ridicularizar, subestimar e desqualificar as opiniões femininas, redefinindo como negativas as qualidades das mulheres independentes e desvalorizando qualquer transgressão feminina que distancie a mulher de seu papel tradicional. Muitas vezes, a desqualificação ataca diretamente sua inteligência: "Você não tem boas ideias!", "Você não raciocina!", "Você não tem capacidade de perceber o óbvio!", "Você é exagerada!", ou pior ainda, "Você é louca!", "Você é histérica, maluca, precisa de ajuda!", "As pessoas não têm coragem de falar a verdade porque ninguém se preocupa com você!", "Você é improdutiva", "Você é digna de pena!".

6.2.4.2 Negação do positivo

É a falta de reconhecimento das qualidades ou contribuições positivas da mulher, principalmente no que se refere ao tempo que ela gasta com a organização da casa, dos filhos e da vida cotidiana, desvalorizando o trabalho doméstico. A forma mais comum de fazerem isso é por meio de reclamações constantes e da demonstração de insatisfação com tudo o que ela faz.

6.2.4.3 Conluio com terceiros

Aqui, o homem tenta estabelecer alianças com pessoas com quem a mulher tem laços afetivos (parentes e amigos dele ou dela) e alimenta histórias negativas a respeito dela, buscando vitimizar-se, narrando histórias tendenciosas. Para isso, afirma-se como ótimo pai, bom marido e aponta o que ele considera como falhas da mulher, alegando que ela não é uma boa esposa, uma boa dona de casa, que é ausente, que vive com a casa cheia de gente, ou que só pensa nela mesma, no trabalho, na religião, que abandona os filhos por qualquer outra coisa, que não cuida dele, que não lhe dá atenção, que é grossa, que tem outras prioridades, que a imagem que as pessoas têm dela não corresponde à realidade etc.

O objetivo dessa manobra é o isolamento feminino, a fim de deixar a mulher sozinha, sem amigos para ofertar uma rede de apoio que a ajude a se libertar do aprisionamento provocado por ele, deixando-a vulnerável e à sua mercê. Nesses casos, ele omite, habilidosamente, todos os defeitos dele que denunciem a ausência de companheirismo e de respeito com a mulher. Por isso, é importante que as pessoas procurem ouvir os dois lados, e que não compactuem com o silenciamento da voz feminina, pois toda história possui, no mínimo, duas versões.

6.2.4.4 Terrorismo misógino

São comentários desqualificadores, repentinos e muito impactantes, geralmente lançados na esfera pública, quando estão na frente de outras pessoas, que deixam a mulher em estado de choque, sem reação, devido à natureza abrupta deles, produzindo confusão, desorientação e paralisia. Usam-se palavras que as expõem ao ridículo, utilizando a suspeita, a agressão e a culpa, sinalizando que elas deixam de cumprir tarefas domésticas e/ou maternais em contextos inapropriados, simplesmente para constrangê-las e, assim, continuar exercendo poder sobre elas.

Fazem comentários inesperados que desqualificam o sucesso feminino, reduzindo-as à condição de mulher-objeto, quando se sentem ameaçados pela mulher-indivíduo (CORIA, 1992 apud MÉNDEZ, 1998, p. 11).

Desqualificam nosso trabalho profissional e/ou doméstico como se fosse algo inferior, sem a mesma importância que o trabalho deles, como se tivéssemos a obrigação de cumprir plenamente as tarefas matrimoniais para, então, sermos consideradas mulheres respeitáveis.

Um exemplo desse mM ocorre quando a mulher deseja ser mãe, mas não quer interromper sua carreira profissional e/ou acadêmica. São comuns as falas masculinas como: "Quem vai cuidar de nosso bebê, amor?", "A melhor pessoa para cuidar de nosso filho é você, querida!", "Eu não confio em ninguém educando nosso filho!", entre outras. Porém, o homem não abre mão de sua carreira para cuidar da criança, apenas ela, o que dificulta muito o retorno ao trabalho depois do nascimento do bebê, o que muitas vezes nem acontece.

6.2.4.5 Autoelogio e autoadjudicação

Nessa manobra, a mulher tem suas habilidades domésticas hipervalorizadas pelo homem, que a mantém presa aos trabalhos da casa, alegando que ela é ótima cozinheira, ótima mãe e que, por isso, ele não

Micromachismos e violência masculina

abre mão de que os cuidados com a casa e com os(as) filhos(as) sejam exclusivos dela. Assim, o homem constrói sua excelente desculpa para não cozinhar ou cuidar das crianças, alegando que ela faz tudo tão bem que ele jamais conseguiria fazer igual ou melhor. Isso constrange a mulher, que deixa de solicitar a colaboração do macho no trabalho com a casa e permanece refém da circunstância, restringindo total ou parcialmente o tempo dela para interesses pessoais, profissionais, acadêmicos ou para, simplesmente, descansar.

6.2.5 Paternalismo

Esse tipo de manobra mascara a possessividade e o autoritarismo do homem, que diz que cuida da mulher e lhe oferece tudo o que ela precisa e que, por isso, em retribuição, ela precisa ser uma boa menina/esposa.

Esse mM pode ser facilmente detectado quando ela se opõe ou se recusa a ser tratada de forma infantilizada, como se não fosse adulta e capaz de fazer as coisas sozinha, sem a interferência, a participação e a autorização dele. Esse mM tem efeitos mais catastróficos sobre mulheres que carentes da presença paterna desde a infância. Sem acompanhamento psicológico adequado, ela faz a substituição emocional da figura ausente do pai pela do marido. Este, por sua vez, aproveita-se da fragilidade emocional dela para ocupar o lugar de marido/pai, exercendo, assim, controle e dominação total sobre ela.

Como o Barba Azul, ele diz que cuida dela, que oferece tudo o que ela necessita e que, por isso, ela lhe deve obediência, cumprindo todos os deveres de esposa que forem determinados por ele.

6.2.6 Manipulação emocional

Temos aqui um grupo de mM que ocorre quando o macho usa o carinho e o afeto como instrumentos, como chantagem emocional e como moeda de troca para controlar o relacionamento, o que é muito comum na fase inicial da conquista e da sedução, quando eles sempre se mostram extremamente solícitos e carinhosos.

Por meio de falas que tiram proveito da confiança e do carinho que a mulher sente, eles provocam sentimentos negativos e a diminuição da autoestima dela, gerando insegurança em relação a si mesma e a consequente dependência da proteção e do controle masculino. Acontece, geralmente, depois de momentos de profundo carinho, quando a mulher está desarmada, emocionalmente vulnerável, e ele oferece palavras de duplo sentido, insinuações, acusações veladas etc., entre as quais podemos destacar: "Você não está me traindo com seu ex--namorado?", "Me conta o que aquela sua amiga do trabalho falou de mim?", "Me conta os segredos de sua amiga para eu conhecê-la melhor e te dizer se deve confiar nela ou não!", "As pessoas só se aproximam de você por interesse.", "Se afasta daquela pessoa, ela sente inveja de você.", "Você não pode confiar em ninguém, sou seu único amigo!", "Faz o que estou te pedindo para provar que me ama?", "Você não seria capaz de negar este pedido para o seu amorzinho, né?", "Não anda mais com aquela sua amiga porque ela é solteira e namoradeira.".

6.2.6.1 Inocência-culpa

Esse mM tem duas faces. Por um lado, provoca na mulher um sentimento de carência e dependência do homem, que a acusa de não saber desempenhar corretamente seu papel de esposa ou mãe — como se ela precisasse dele como um orientador comportamental, como se ele estivesse fazendo um favor por ficar com ela, apesar dos defeitos, e como se ele fosse o salvador dela. Com base nessa crença cultural cristã, afirma-se, desde Eva, que a mulher deve agir sempre de acordo com o que é definido pelo homem, dada a sua condição de pecadora, culpada por natureza pelo pecado original desde os tempos do paraíso cristão.

O homem, por outro lado, nunca se sente responsável por nada, pois se considera inocente e vítima do pecado da mulher, devendo

Micromachismos e violência masculina

ser, portanto, servido por ela todos dias, sem ter a obrigação de com ela colaborar. Entre seus infinitos exemplos na vida cotidiana, podemos citar:

- culpar a mulher por qualquer disfunção familiar com a consequente absolvição do homem;
- culpá-la pelo prazer que sente na companhia de outras pessoas ou em situações em que ele não esteja presente, com base na crença de que a mulher só pode desfrutar de lazer e alegria com o parceiro afetivo;
- responsabilizá-la pelos fracassos pessoais do homem e fazê-la sentir-se culpada pela irritação que ele sente quando ela o aborrece ao contrariar as vontades dele.

6.2.6.2 *Mensagens afetivas duplas*

Nesse tipo de manobra, o homem emite mensagens afetivas com um propósito oculto: manipular e deixar a mulher sem possibilidade de reação — se ela aceita o jogo emocional, é interesseira; se não aceita, é acusada de não ser carinhosa. A sedução manipulativa é uma forma extremamente perigosa de abordagem, cujo interesse é alcançar outros fins além da troca de afetos. A chantagem emocional obriga a mulher a aceitar as imposições do homem e é extremamente perturbadora para a saúde emocional dela, pois gera um estado constante de tensão por não saber exatamente como agir para agradar e satisfazer as expectativas do macho.

Alguns exemplos desse mM ocorrem quando o homem:

- finge estar amuado ou fica taciturno depois de ser abordado e questionado acerca de determinados comportamentos apontados pela mulher como nocivos a ela e à família, e considerados por ele como injustas. Para o homem, ele não pode ser cobrado, com argumentos "racionais" (segundo o dicionário do macho), por ter chegado tarde e/ou bêbado, por sair para jogar bola todo fim de semana, por se encontrar com os amigos, por ter mulheres na rua etc.

- diz para a mulher que não se importa que ela saia sozinha, mas demonstra raiva e ressentimentos por meio do olhar e da expressão corporal;
- simula estar se sentindo abandonando e finge estar abalado para impor culpa à mulher quando ela decide fazer alguma atividade sem ele.

6.2.7 Autoindulgência e autojustificação

Nessas manobras, o homem se justifica ou é indulgente consigo mesmo, supervalorizando suas tarefas laborais em comparação com a educação dos filhos e com as tarefas domésticas desempenhadas pelas mulheres. Por meio deste mM, o homem se isenta de culpas e responsabilidades, não atentando para a sobrecarga física, energética e emocional da mulher com o serviço doméstico ininterrupto.

Tentam bloquear as convocações de colaboração com as tarefas domésticas antes mesmo que a mulher consiga verbalizar a solicitação, mantendo-se indiferentes aos pedidos de ajuda e reforçando que é dever dela cuidar das pessoas e do ambiente domésticos. Silenciam diante dos apelos femininos e se livram da responsabilidade pelo que deve ou não ser feito. Obviamente, evitam demonstrar que são movidos pelo sentimento de que essas responsabilidades não são deles.

Esse mM ocorre quando o homem se esquiva de assumir as responsabilidades por atitudes injustas, não demonstrando interesse em mudar seu comportamento não colaborativo, não levando em conta os apelos da mulher e alegando não perceber os pedidos de ajuda. Para tanto, utiliza o frágil argumento de que esse comportamento é, segundo ele, inconsciente e natural do gênero masculino, por meio de falas como: "Eu quero mudar, mas não consigo", "Os homens são assim mesmo", "Trabalho muito, não tenho tempo para cuidar das crianças", "Não levo jeito, você faz isso melhor que eu", "As crianças só querem você", "Eu não consigo me controlar, é impossível para mim" ou, ainda, quando defendem seu próprio bem-estar, usando falas como "Por que você quer que eu mude se me sinto bem assim?", "Não me incomoda ser assim, você que vive reclamando e nunca está satisfeita com nada", "Tem muitas mulheres que querem um homem como eu".

6.2.7.1 *Erros seletivos e esquecimento*

Essa é mais uma manobra que consiste em evitar responsabilidades e impô-las somente às mulheres. Ao se declararem inexperientes e inaptos para certas tarefas (limpeza da cozinha, por exemplo) ou para o manuseio de eletrodomésticos, tentam ocultar sua indisposição para a aprendizagem: como é possível que tantos homens utilizem facilmente um aparelho tão complexo quanto o computador, e não saibam como operar lavadora de roupas, por exemplo? A maioria dos homens não é ensinada ou envolvida com as tarefas domésticas desde a infância, e quando são cobrados a ter um comportamento adulto de responsabilização pela manutenção da casa e da família, preferem confortavelmente alegar ignorância e inferioridade em relação às habilidades femininas, mantendo seus privilégios e seu conforto por meio dessa manobra.

Esse grupo inclui também o esquecimento seletivo, que ocorre quando o homem escolhe o que vai se lembrar e o que vai fingir que esqueceu, de acordo com o que lhe interessa e com o que lhe convém. Não se lembrar de uma consulta médica das crianças, não adquirir e não fazer comida, não comprar presentes, esquecer de apagar o fogo, não descongelar algo ou deixar de cumprir qualquer uma das ações que lhe são solicitadas são exemplos desses falsos esquecimentos que fazem com que a mulher evite contar com ele para o compartilhamento das tarefas domésticas, pois sabe, de antemão, que ele irá falhar e que ela será mais uma vez prejudicada, pois, além do aborrecimento provocado, a mulher ainda terá que cobrir as falhas masculinas.

6.2.7.2 Comparações vantajosas

Com esta manobra, o homem tenta silenciar as reivindicações da mulher, alegando que existem homens piores que ele; que o marido da amiga, da vizinha ou da irmã é bem pior que ele; que ele tem condições de arrumar mulheres melhores e que, por isso, ela não deveria reclamar de nada.

6.2.7.3 Pseudoenvolvimento doméstico

Esse mM é praticado, frequentemente, por homens progressistas, alternativos, considerados mais politizados, que mantêm uma postura pública alinhada aos ideais políticos e que, teoricamente, não adotam práticas machistas. Porém, muitas vezes, assumem tarefas domésticas apenas para demonstrar que são desconstruídos, como se isso bastasse para não serem considerados machistas. Muitos deles convivem em seu ambiente de trabalho e militância social com mulheres feministas, mais posicionadas e críticas do comportamento patriarcal que estafa e sobrecarrega a mulher, o que gera constrangimento e exposição, pois revela hipocrisia e falta de comprometimento real com o combate às opressões de gênero.

Na verdade, nesses casos, o homem age como se fosse apenas ajudante da mulher, pois, além de assumir as tarefas mais leves e mais simples, não cooperam em tempo integral, comumente abandonam os afazeres pela metade ou os realizam sem cuidado ou atenção e demoram muito mais tempo que o necessário para realizar cada atividade. Ou seja, apresentam um discurso que prega a igualdade de gênero, mas, na prática, continuam oprimindo as mulheres de diversas formas em seu cotidiano. As poucas atitudes antimachistas que apresentam servem apenas para ocultar os outros micromachismos que praticam, evitando que as mulheres os exponham nas redes sociais ou em ambientes públicos.

Micromachismos e violência masculina

6.2.7.4 *Subvalorização dos próprios erros*

Esse tipo de manobra faz com que os homens considerem seus próprios erros, descuidos e inoperâncias no trabalho doméstico e relacionamentos extraconjugais coisas simples e inofensivas, ignorando e minimizando os apontamentos femininos. Juram que não causam tanto transtorno; dizem que a mulher é exagerada, que gosta de dramatizar e que é histérica. Consideram que seus erros não impactam os problemas familiares, pois acham que a mulher não os deve levar em consideração.

Minimizam os impactos negativos de seus (de)feitos e sempre menosprezam o mal-estar, a mágoa e os danos que provocam à saúde emocional da mulher e das pessoas da família. Raramente se desculpam e, quando o fazem, acham que todas as consequências negativas de seus atos devem ser perdoadas e ignoradas pela mulher. Isso demonstra que, na verdade, não transformam suas práticas e que voltarão a cometer os mesmos erros.

Por outro lado, não estão dispostos a aceitar o que apontam como erros das mulheres, fazendo com que elas se sintam extremamente culpadas por terem errado e por terem provocado situações desagradáveis para ele. O excesso de cobrança e de perturbação que ocorre quando ela faz algo que ele considera errado, acusando-a de ser inadequada ou exagerada, provoca um tormento tão grande na vida da mulher que, várias vezes, ela opta por aceitar todas as imposições masculinas e evitar os aborrecimentos.

6.3 Micromachismos de crise

Esses mMs são usados em momentos de desequilíbrio na estabilidade dos relacionamentos, o que, não curiosamente, ocorre quando há um aumento do poder pessoal das mulheres devido a mudanças em sua vida financeira ou perda de poder masculino por motivos de desemprego ou limitação física ou quando a mulher começa a demonstrar consciência e cansaço em relação aos privilégios machistas. Essas mudanças são geralmente acompanhadas de reivindicações das mulheres por mais igualdade no relacionamento. Costumam ser utilizados para impedir que as mulheres sejam autônomas, para que elas não se sintam independentes e para que interrompam as reclamações e apontamentos sobre os defeitos masculinos.

Sentindo-se pressionado, o macho pode intensificar o uso dessas e de outras manobras descritas anteriormente para criar uma situação de estafa emocional na mulher, restaurando assim, o seu *status quo* de controle e poder.

As manobras descritas a seguir são frequentemente usadas em sequência, de acordo com a permeabilidade da mulher ao se deixar pressionar.

6.3.1 Hipercontrole

Esse mM consiste em aumentar o controle sobre as atividades, os horários e/ou os espaços das mulheres, diante do medo de que o aumento real ou relativo do poder que elas têm sobre si mesmas possa deixá-lo em segundo plano ou em posição inferior na vida delas. Os homens criam situações de controle extremo, que incluem vigilância, ameaças, furtos de senhas e monitoramento do celular e das redes sociais. O objetivo é asfixiar a mulher e causar imobilidade e desconforto em sua emancipação em relação ao macho.

6.3.2 Resistência e distância passivas

Este mM consiste no uso de várias formas de oposição e abandonos passivos, como falta de apoio ou colaboração e falta de iniciativa intencional em relação às tarefas domésticas, seguidas, geralmente, de falas extremamente críticas, como "Eu teria feito melhor" ou "Você faz tudo errado". Também ocorre por meio de distanciamentos, ameaças de abandono ou

Micromachismos e violência masculina

abandono temporário real, quando o homem se refugia no trabalho ou em outro espaço com outra mulher, que ele diz ser mais compreensiva, mais dócil, menos resmungona — já que, normalmente, a amante não convive diariamente com o macho, não é vítima das formas de opressão dele e tão pouco imagina como ele trata a mulher e a família dentro de casa, imaturamente acreditando em tudo o que ele fala. É importante lembrar que, na maioria das vezes, a mulher que ocupa o papel de amante também sofre diferentes formas de micromachismo ao longo do relacionamento.

6.3.3 Silenciamento de críticas e negociações

Esse mM tenta silenciar as reivindicações femininas sobre as atitudes dominantes do homem, evitando que elas exijam mudanças no comportamento dele. Argumentam que ela não o aceita do jeito que é, e que não o ama de verdade. Geralmente, essas manobras são acompanhadas de falas que culpam, questionam e criticam as mudanças de atitude da mulher, que não mais aceita as práticas machistas e destrutivas, justamente por caminhar em direção à emancipação.

Algumas frases que refletem esse mM são: "Por que devo mudar se você não muda?", "O problema é seu!", "Do que você está reclamando, se me conheceu assim?", "Se você não tivesse mudado, tudo continuaria bem!", "Depois que inventou essa babaquice de feminismo, nossa vida virou um inferno!", "Por que não consegue ser uma mulher normal como todas as outras?", "Sou um homem bom, você que não consegue me dar valor... quer sempre mais!", "Feminista de merda que você é, pois mal consegue cuidar de mim, da casa, da família e dos filhos! "As feministas são todas mal-comidas!".

6.3.4 Promessas e mérito

Manobras nas quais os homens, aparentemente, cedem diante das reivindicações femininas e fazem modificações específicas em seu comportamento, o que implica desistirem temporariamente de posições mais duras, por conveniência, sem realmente refletirem acerca da naturalização de seu poder sobre a mulher. Porém, essas mudanças geralmente se desfazem quando a mulher concorda em lhes dar outra chance.

Dar presentes, prometer ser um homem bom, tornar-se sedutor e atencioso, fingir reconhecer seus erros mediante ameaça de abandono, voltar a ser carinhoso e solícito como no início da relação, convidá-la de novo para sair, para dormir fora e viajar, passar a sair menos sozinho e dizer que quer reformar ou comprar móveis novos para casa são algumas mudanças superficiais que caracterizam esse mM.

6.3.5 *Vitimismo*

Ocorre quando o homem se coloca como uma vítima inocente das mudanças repentinas de comportamento da mulher, culpando-a de todas as formas, a fim de tentar interromper o grito de liberdade e independência dela. Se ela finalmente começa a mudar, ele vive isso como um grande sacrifício, devido à ameaça que essas mudanças representam nos privilégios masculinos. A mulher, então, precisa ser firme e saber que ele não a apoiará nem fará qualquer esforço para que ela consiga estudar, trabalhar e crescer profissionalmente.

O aumento do tempo que a mulher dedica a afazeres não domésticos incomoda o macho, que utiliza o argumento do abandono da mulher para justificar suas saídas noturnas e com outras mulheres, alegando que a ausência da mulher o deixa carente de atenção. No entanto, quando a mulher estava presa e sobrecarregada com o trabalho doméstico dentro de casa, ele não a tratava com os devidos companheirismo, carinho e atenção que então reivindica.

Nessa fase, utilizam frases como: "Nada combina com você!", "Você é manipuladora, me faz ceder às suas vontades para conseguir o que quer!", "Você não tem ninguém, só a mim!", "Como vai se sustentar sem a minha ajuda (o meu dinheiro)?", "Eu sou seu protetor, e estou aqui para o que precisar!", "Quando quebrar a cara, é a mim que pedirá ajuda!", "Você abandonou seus filhos por causa de seus sonhos egoístas!", "Ninguém te apoia, mas não te dizem a verdade porque têm pena ou não se importam com você!".

6.3.6 Procrastinação

Este mM consiste em adiar ou prolongar ao máximo o tempo para atender às reivindicações femininas ou apresentar mudanças comportamentais, o que, em geral, só acontece quando existe um ultimato ou uma real ameaça de separação.

O tempo de resposta às solicitações de transformação é manipulado pelo homem, que tenta prolongar a situação de injustiça relacional, já que não deseja sair da zona de conforto nem perder os privilégios. É uma nítida manobra de poder, forçando a mulher a continuar se submetendo ao tempo e aos desejos do homem, que preserva o poder de decisão. Eles agem dessa forma porque muitas mulheres alimentam a ilusão de que, em algum momento, eles cumprirão suas promessas de mudança, mesmo que esperem anos por isto.

Percebemos esse mM em falas como "Conversaremos mais adiante sobre isso!", "Veremos isso assim que possível!", "Pensarei com carinho!", "Espera mais um pouco, me dá só mais um tempinho para eu organizar tudo!", "Eu vou fazer tudo o que você quer, mas espera mais um tempinho, confia em mim só mais uma vez, por favor, não vou te decepcionar!", "Vou começar a terapia, mas agora não tenho dinheiro!", "Adiei a consulta com o terapeuta por motivos de trabalho, mas eu juro que estou buscando ajuda para mudar!".

Em muitos casos, a mulher está tão cansada do comportamento machista do homem que pede, desesperadamente, para ele buscar ajuda terapêutica e psicológica na esperança de que ele amadureça um pouco. Porém, mesmo que ele aceite — o que não é muito frequente, já que se recusa a reconhecer os próprios problemas —, as mudanças somente irão ocorrer se o homem refletir sobre as questões propostas e efetivamente apresentar novos comportamentos que superem as situações de machismo praticadas. Isso é um grande desafio para aqueles que se sentem bem na zona de conforto de sua infantilidade egoísta, usufruindo de todo o privilégio patriarcal.

6.3.7 Piedade

O homem realiza esse mM com o objetivo de fazer a mulher sentir pena dele, e usa chantagem emocional para fazê-la ceder. Procuram aliados(as) que acreditem na versão deles sobre os fatos e que julguem, critiquem e condenem sempre a mulher, jamais eles. Normalmente, exibem o dever paternal cumprido para conquistar elogios, passando a imagem de bons pais, supervalorizando o simples cumprimento de suas obrigações e usando, inclusive, esse argumento para seduzir outras mulheres e ganhar uma boa imagem nas redes sociais. Dizem estar carentes por não terem a atenção e o cuidado devidos da mulher dentro de casa, alegando que ela se preocupa mais com os afazeres pessoais do que com ele.

Inventam ou fingem situações em que se colocam como vítimas em perigo, como acidentes, aumento de vícios, doenças e ameaças de suicídio. Assim, apelam para a prática cultural feminina do cuidado com as pessoas, fazendo a mulher temer a morte dele, principalmente quando tem filhos pequenos ou quando existe a dependência financeira. Além disso, esse mM é usado de forma persuasiva, colocando sobre a mulher a responsabilidade pela saúde dele e revelando total preguiça ou descuido com o autocuidado.

Micromachismos e violência masculina

6.4 Efeitos dos micromachismo na saúde da mulher e da família

A junção de todas essas manobras, juntamente à falta de autoafirmação da mulher, de amparo e de proteção legal, forma uma mistura eficaz e explosiva de efeitos negativos na saúde emocional feminina. Esses danos tendem a tornar-se visíveis a médio e longo prazos, em virtude do longo tempo de submissão às situações de dominação. A mulher não se percebe refém da cultura patriarcal, que não a respeita, forçando-a a reproduzir as práticas sociais de um casamento servil para, somente então, ser reconhecida como uma boa mulher. A imposição de ter um marido e a obrigação de exercer o papel social de esposa são mais imperativos na vida da mulher do que o próprio direito à felicidade, levando-a a afirmações terríveis, como "Não sou feliz, mas tenho marido".

Com o passar dos anos, cada vez mais mulheres descobrem seus direitos e sentem a liberdade de poder ser felizes com ou sem marido, de ser solteira, de viver com outra mulher e de não ter filhos por obrigação. Levamos anos para conquistar esses direitos e não vamos recuar!

A verdadeira causa desses efeitos nem sempre é reconhecida e, por isso, a responsabilidade pelo fracasso do casamento ou do relacionamento e do estado depressivo das mulheres, geralmente, é atribuída, culposa e solitariamente, a elas.

Ao contrário da mulher, o homem adquire e se beneficia de mais privilégios com o casamento, já que passa a ter uma cuidadora e enfermeira doméstica particular, prolongando a saúde física e emocional, inflando o ego e a autoestima e elevando ou preservando a posição de domínio e superioridade deles. Ele apresenta crescente desinteresse em compreender as necessidades e direitos das mulheres por meio da autoafirmação de sua identidade masculina, apoiado na crença de superioridade sobre as mulheres e na autonomia sentimental sobre o vínculo afetivo, pois entende que não precisa amar para manter o casamento, basta que ela o ame, cuide dele e seja fiel. Assim, prolonga sua infantilidade e imaturidade emocional, comportando-se, cada vez mais, como uma criança pirracenta quando a mulher não atende aos desejos do macho. Aumenta também o isolamento sentimental da mulher — apenas um lado ama e cuida, até os dois lados experimentarem o desamor —, uma vez que seu domínio não garante o afeto feminino, apenas obediência. Passa a ver a liberdade dela sempre como uma ameaça, reconhecendo a submissão e o controle como elementos essenciais na relação, e isso faz com que ele nunca experimente o amor verdadeiro, conhecendo somente relações baseadas em sensações oriundas do instinto masculino, como poder e sexo.

Os efeitos negativos dos mMs são percebidos e sentidos tardiamente pelos homens, normalmente depois que eles já conseguiram destruir todo o alicerce sentimental, toda a esperança de confiança e parceria que a mulher tinha no início da relação, mesmo que esses sentimentos não fossem verdadeiros e derivassem apenas de ilusões femininas. Os homens negligenciam todos os danos que causam à saúde emocional da mulher com seu machismo e não correlacionam efeitos sofridos por ela com o abandono familiar físico, emocional e sexual.

Quando a mulher, finalmente, consegue romper o ciclo da dependência emocional, alguns homens vão experimentar a solidão afetiva em decorrência das relações "sólidas" que foram destruídas e trocadas por relações superficiais na rua. Nesse momento, surgem outras consequências para o homem, como fracasso financeiro, depressão, dependência alcoólica ou química, filhos de relacionamentos extraconjugais, desamor dos filhos, falta de respeito e credibilidade familiar, doenças, abandono familiar na velhice, dívidas financeiras, entre outras.

As mulheres, além de serem vítimas diretas dos mMs durante todo o relacionamento, sofrem consequências severas, como total esgotamento da saúde emocional, perda de energia, abalos no sistema nervoso, crises de choro espontâneas, depressão, insônia, angústia, ansiedade, dependência emocional, frustração, carência, solidão, baixa autoestima, insegurança, sensação de abandono, pensamentos suicidas, atitudes de queixa defensiva, reatividade, agressivida-

Micromachismos e violência masculina

de, violência, sensação de desmoralização por não terem conseguido manter um casamento feliz e culpa por não serem consideradas boas mães, dificuldade de concentração, capacidade de pensar e de reagir (o que afeta sua vontade de voltar a estudar), sensação de incapacidade profissional e de improdutividade intelectual, desconforto difuso, sentimento de derrota e desamparo (que produzem a sensação de incapacidade profissional).

Também é comum que a mulher perca a esperança de ser feliz em outro relacionamento ou que, ainda fragilizada, mergulhe em aventuras sexuais e afetivas que podem ser até mais nocivas e danosas para ela, além da recorrente insatisfação e da falta de realização sexual. Desenvolvem irritabilidade crônica e insaciedade nos relacionamentos posteriores, o que pode levar a exageros e comportamentos apelativos, sendo, inclusive, culpadas por não perceberem que trazem traumas de relacionamentos abusivos.

Os micromachismos provocam inconformidade, sentimento de revolta e frustração existencial quando as mulheres percebem que passaram anos de sua vida como uma espécie de prostituta doméstica, e não como uma mulher amada e respeitada na mesma proporção do amor e da dedicação que ofertou durante a relação. Muitas precisam de ajuda profissional psicológica para se recuperarem da desilusão a que foram submetidas por anos. Recomendamos, nesses casos, a busca por profissionais mulheres, já que nem todos os psicólogos homens compreendem as consequências relacionadas aos machismos na sociedade. Caso contrário, corre-se o risco de o profissional ser indiferente à dor provocada pelos abusos machistas, simplesmente porque não reconhece isto como um problema, mas como um comportamento natural na cultura social contemporânea.

Existem pesquisas que mostram que o casamento diminui a saúde mental e a qualidade de vida da mulher e produz um efeito inversamente proporcional na qualidade de vida do homem, melhorando-a.

Alguns efeitos sociais do micromachismo na sociedade são:

- perpetuação de formatos de relações conjugais e parentais que atendam aos interesses do homem;
- perpetuação do mandato cultural dos machos sobre as mulheres, obrigadas a aceitar a submissão ao homem como condição natural de sua existência e impedidas de enfrentar as manobras "ocultas" de dominação, descritas nos micromachismos anteriormente descritos;
- perpetuação da disponibilidade da mulher para atender aos caprichos machistas por meio de uma educação cultural-midiática (programas de televisão, filmes, propagandas, desenhos infantis etc.) que preserva a imagem da mulher como a boa-moça que terá todos os sonhos realizados quando, enfim, conseguir se casar com um bom-moço. Muitos programas midiáticos reproduzem e impõem esse modelo de sonho e de felicidade quando terminam, por exemplo, com o casamento e a gravidez de uma mulher que sofreu ao longo de toda a história e só encontrou a realização quando se tornou a rainha de um bofe que atenderá às suas expectativas infantis — estimulada por desenhos e livros — de encontrar o príncipe encantado. Esse ensinamento informal é passado para as mulheres, geração após geração, por meio do inconsciente coletivo e da reprodução de comportamentos que naturalizam violências e opressões. É preciso romper com a ideia de que a felicidade da mulher depende, necessariamente, do casamento e da maternidade. Há milhares de outras formas de ser feliz;
- perpetuação de desigualdades, desequilíbrios e disfunções de poder nos relacionamentos entre homens e mulheres, produzindo famílias com altos índices de abuso e violência contra mulheres, crianças, adolescentes e população LGBTQIA+. Muitas mulheres costumam dizer "Como desistir dele depois que lutamos tanto para ficarmos juntos?", não percebendo que lutou sozinha e calou-se por anos para não pôr fim à relação. Ou, ainda, "Não posso

Micromachismos e violência masculina

lutar contra ele o tempo todo! Eu não tenho ninguém, só ele! Eu aturo isso tudo porque ele é o pai dos meus filhos!";

- perpetuação, na sociedade, do mito da mulher culpada desde o infeliz mito da criação que omitiu a importância de Lilith,[4] os abusos de Adão e condenou Eva por todos os pecados do mundo. Esse mito, escolhido pelos homens cristãos para explicar a origem do mundo, sustenta tudo o que de mais perverso há contra a imagem feminina na cultura social e fortalece a cultura patriarcal;

- enfraquecimento das relações de afeto e amor verdadeiro, deterioradas toda vez que a falta de respeito é praticada, alimentando uma guerra fria no ambiente doméstico e transformando o casal em adversários. Isso cria um terreno favorável para outras violências e abusos.

6.5 Considerações finais sobre os micromachismos

Essa longa lista de manobras micromachistas e seus efeitos pode ter despertado sentimento de alívio ou de rejeição, conforme a identificação de gênero e a experiência, em cada leitor(a). Como qualquer assunto novo, o que está sendo descoberto geralmente causa desconforto. Contudo, aquilo que, até então, estava invisível, alivia as pessoas prejudicadas por estes comportamentos quando elas descobrem que estavam submetidas a um sistema de microviolência, comum ao comportamento masculino, que prejudica diretamente as mulheres.

---

4   Lilith foi a primeira esposa de Adão. Segundo a história, ela não aceitou as regras impostas à sua condição de mulher e se rebelou contra o modelo patriarcal, tendo sido silenciada pelo Antigo Testamento, que privilegiou (ou construiu) a história de Eva como uma mulher submissa aos abusos de Adão. Essa mesma narrativa culpou Eva por todos pecados do mundo, pois ela, aconselhada por uma serpente, desobedeceu às ordens e comeu uma maçã proibida. O mito cristão da criação tem grande influência em todas as culturas que colocam as mulheres no lugar de impuras, submissas, profanas e imperfeitas. Cf.: KOLTUV, 2017.

Elas também sentem alívio quando percebem que não estão sozinhas nessa dor e nessa luta. Por outro lado, aqueles(as) que são favorecidos(as) por essa invisibilidade tendem a continuar ignorando e mantendo o silenciamento das dores femininas.

No entanto, para as pessoas, lidar com a visibilidade das microviolências cotidianas não é uma tarefa fácil. Muitas mulheres experimentarão um grande alívio quando entenderem melhor as manobras machistas e reconhecerem nelas as próprias histórias cotidianas, mas terão dificuldade em reconhecer a sua própria subordinação (DIO BLEICHMAR, 1992 apud MÉNDEZ, 1998, p. 15) e, muitas vezes, tenderão a continuar responsabilizando-se pelo que é, apenas, responsabilidade masculina. Essa estratégia se baseia na crença que a mulher tem de que ela possui algum poder sobre o relacionamento e no medo que ela sente da separação, pois a dependência emocional e sexual ainda é muito grande dentro dela. Significa dizer que, para interromper a condição de vulnerabilidade dentro do sistema patriarcal de algumas mulheres, elas precisarão, além dos estudos feministas, de suporte terapêutico e psicológico para emancipar-se da dor.

Embora muitos homens se reconheçam nessa lista de comportamentos e até apresentem algumas mudanças positivas, a maioria não estará disposta a aceitar que ainda permanece no domínio atávico masculino (BRITÂNIA, 1989 apud MÉNDEZ, 1998, p. 15), por estar ancorada pelo machismo estrutural. Deixar de ser um homem machista requer uma transformação na personalidade masculina construída com base na cultura patriarcal, condição básica para que o homem abra mão de seus privilégios varonis e aceite as punições decorrentes de seus abusos.

Depois de ler este livro, o(a) leitor(a) perceberá que não descobriu qualquer novidade, pois é impossível não perceber que tudo o que foi nomeado e descrito refere-se a um conjunto de práticas reais, de comportamentos que representam os truques e armadilhas mais comuns que os homens, desde a era moderna, utilizam para exercer a violência de gênero. A percepção desses variados comportamentos e a compreen-

Micromachismos e violência masculina

são de seu caráter nocivo e destruidor são fundamentais para interromper o ciclo do machismo na sociedade, pois somente se ouvirmos a voz oprimida, e não a silenciarmos, deixaremos de compactuar com as práticas misóginas. A identificação é uma das maneiras de tornar visível algo que está imperceptível até então, porque evidencia e desnaturaliza dores e sofrimentos presentes no cotidiano feminino que antes eram sentidos, mas aceitos como normais.

Esperamos que as descrições anteriores ajudem a romper esse manto de invisibilidade e reafirmamos, para tanto, a importância de nomear, descrever e classificar as diversas formas de opressão de gênero. Esse é o primeiro passo para limitar a reprodução dessas manobras e, finalmente, interromper o caos que elas provocaram na vida das mulheres ao longo dos anos em que elas não se percebiam submetidas a um relacionamento abusivo.

Além disso, também é importante impedir que as mulheres continuem a se envolver em relacionamentos que reproduzam esse ciclo de violência e dor para, assim, erradicarmos esse comportamento dos machos. Sabemos que, infelizmente, o homem não muda da noite para o dia. Comumente, eles trocam de mulher, mas não trocam de postura, e um posicionamento firme e direto em relação a essas questões é urgente e fundamental para interrompê-los.

Muitas vezes, terminar um relacionamento não é suficiente para garantir a interrupção dos abusos, pois é preciso construir defesas emocionais que impeçam a mulher de se envolver em um novo relacionamento desrespeitoso. É necessário exercitar essa compreensão e ampliar a revelação destes comportamentos masculinos para outras mulheres por meio de debates e momentos de trocas e escutas. É preciso oferecer uma educação não sexista aos nossos filhos e filhas para que deixem de reproduzir essas práticas. Precisamos interromper o ciclo da cultura patriarcal justamente porque fomos e somos vítimas dele. É preciso reclamar até transformarmos a cultura patriarcal, até erradicarmos estes comportamentos de nossa realidade social e até livrarmos as próximas gerações de todas as faces odiosas do machismo.

Quanto mais ajudarmos as mulheres a identificar a linguagem e as ações de manipulação dos micromachismos, a diminuir e a cessar o sentimento de culpa induzido por essas manobras e a recuperar a autonomia de seus pensamentos, maior será nossa força e poder para enfrentarmos o patriarcado. Tornar as mulheres livres e libertas desse tipo de relacionamento é o melhor caminho para construirmos uma sociedade sem violência de gênero, na qual as famílias possam viver e se relacionar em harmonia, em vez de apenas ostentar uma felicidade hipócrita e ilusória, sustentada por fotos artificiais nas redes sociais.

Divulgar os efeitos que um relacionamento abusivo pode causar é uma excelente estratégia para defender a saúde da mulher. Explicar que grande parte do mal-estar e da insegurança que sentem são decorrentes de vivermos esse tipo de relacionamento machista por gerações, desde a infância — quando começamos a perceber os males e os danos que o patriarcado causa em nossas vidas. Isto só acontece quando muitas de nós têm a coragem de admitir que fomos feitas e criadas por homens extremamente machistas.

Admitir que nossos pais e avôs não são os heróis que romantizamos e que nossas mães, avós e bisavós podem ter sido extremamente mal-tratadas e alijadas de suas liberdades, abrindo mão de muitos desejos pessoais e se submetendo a muitos desaforos para conseguir sobreviver, inclusive a relacionamentos abusivos dentro de casa. Admitir que os homens de nossa família podem ter sido ou são abusadores em potencial não é uma tarefa fácil, muito pelo contrário. Por isso, muitas adiam o reconhecimento do machismo em suas vidas, pois reconhecer que ele existe implica confrontar nossos heróis familiares, incluindo nossos filhos, irmãos, primos, tios e toda a parentela, inclusive amigos que amamos, mas que agem como machos escrotos nos relacionamentos.

Podemos, contudo, compensar a dor dessa desilusão com a esperança de que podemos expandir a consciência feminista, mulherista,

Micromachismos e violência masculina

matriarcal, e impedir que as próximas gerações — formadas por nossas filhas, netas, enteadas, sobrinhas, afilhadas, amigas, irmãs, vizinhas — possam viver um novo modelo social, no qual serão tratadas com respeito e igualdade de direitos.

Advertir a sociedade sobre essa forma de violência e revelar a frequência com que ela ocorre dentro de casa é um compromisso que devemos assumir para garantirmos a construção de uma cultura de paz. Explicar às mulheres que essa forma de relação não é natural, e que é possível criar uma relação em que se mantenha a igualdade, é um instrumento de luta necessário e inadiável que devemos usar incansavelmente. É importante disseminar a consciência de que o sofrimento de uma mulher vítima de maus-tratos ou de um relacionamento abusivo não é um problema de casal e, portanto, privado, mas, sim, de toda a sociedade. Nosso silenciamento em relação à violência é uma forma de perpetuá-la e torná-la indestrutível. Não se cale!

Devemos aumentar, cada vez mais, as políticas e os equipamentos públicos de defesa aos direitos da mulher, da criança e da população LGBTQIA+, como a Delegacia de Atendimento Especializado à Mulher, LGBTQIA+, Crianças e Adolescentes, Casa de Apoio à Mulher etc. Para isso, é necessário entender como funciona a engenharia política e, a partir daí, pensar sobre quem decide o tipo de política pública e quanto de recursos deve ser aplicado em cada setor. Sabemos que esse poder é exercido pelo parlamento que, no caso do Brasil, é composto por 85% de homens.[5] Obviamente, as políticas de promoção de igualdade de gêneros não são priorizadas, porque os homens não são afetados pela violência patriarcal, perpetuando o silenciamento e os ciclos de machismo. É por isso que devemos, cada vez mais, eleger mulheres para os cargos públicos governamentais, pois se trata da garantia de nossa sobrevivência digna e saudável, de nossa segurança e de nossa qualidade de vida. Somente assim teremos o aparato do Estado em nossa defesa.

---

5   Segundo relatório da Câmara dos Deputados (2019).

Os grupos de reflexões masculinas são um importante espaço para enfrentarmos esses comportamentos violentos, micromachistas, patriarcais, misóginos e homofóbicos. Essa é uma forma de problematizarmos e erradicarmos essa prática e não deixarmos que a responsabilidade por mais essa tarefa fique a cargo apenas das mulheres. A consciência feminista também foi ampliada a partir da formação de pequenos grupos clandestinos de mulheres que se reuniam para refletir sobre seus comportamentos, suas vidas e sobre como eram tratadas.

Criar campanhas e postagens nas redes sociais, presentear amigas e amigos com livros e materiais sobre o assunto, provocar debates em casa, conversar com as anciãs, avós e bisavós e não permitir que elas morram acreditando que a forma como foram tratadas durante a vida era natural são algumas iniciativas que, de diversas formas, favorecem a erradicação do machismo, pois ampliam o alcance das reflexões e fazem com que mais mulheres reconheçam suas experiências e percebam que merecem outro lugar que não o da submissão, da subestimação e da subjugação.

Finalmente, é preciso perceber que a violência produzida pelo machismo afeta áreas visíveis e invisíveis da sociedade e podem agir contra mulheres e homens em todas as áreas, como família, sociedade, economia, saúde, educação, violência, consumo de drogas, entre outros, enquanto perdurar a desigualdade de gênero.

Seria um grande erro, no entanto, considerar que este livro se configura como um jogo desqualificador ou um manual de desvalorização do universo masculino, pois nesse processo é fundamental que os homens tenham maturidade para admitir e reconhecer os próprios erros e defeitos. Faz-se necessário que entendam e reconheçam que sua personalidade e seu comportamento estão, em sua maioria, alicerçados nos micromachismos anteriormente descritos; que admitam isso sem drama ou vitimismo e que, por suas filhas e mães, iniciem uma transformação imediatamente, a fim de salvar o futuro da humanidade.

Micromachismos e violência masculina

6.6 Recado aos machos-alfa ("Barba Azul")

Os varões — e algumas varoas também — mais atentos(as) já devem ter percebido que há cada vez menos mulheres disponíveis para homens machistas, ignorantes, tirados a espertos e garanhões. Então, aceitem a dica de mudança de comportamento caso queiram continuar se relacionando conosco, pois ainda que encontrem mulheres que continuam tolerando essas situações e se sujeitando a esse tipo de relacionamento — afinal o sistema capitalista faz com que a espécie humana não pare de se reproduzir — a onda feminista irá alcançar, mais cedo ou mais tarde, todas as mulheres que ainda dormem o sono profundo da ignorância machista.

Motivadas pela rivalidade feminina alimentada pelo patriarcado, algumas delas colocam-se como rivais, ferindo, magoando e prejudicando as outras, principalmente quando vivem a ilusão de serem as novas escolhidas, as novas namoradas; quando estão anestesiadas pelo fanatismo religioso; ou quando ainda não reconheceram nelas mesmas as dores provocadas pelo machismo. Essas mulheres não percebem que desfrutam dos direitos oriundos das lutas feministas, que elas ajudam a silenciar, além de, muitas vezes, se beneficiarem das dores femininas que talvez não façam parte de sua realidade, como ocorre com as elitistas de direita.

Nós sofremos e choramos duas vezes por isso. Primeiro, pela dor que os homens nos causam diretamente, insistindo no velho micromachismo, utilizado ao longo do tempo, de se relacionarem com outras mulheres como distração pessoal e usá-las para nos ferir, usando o ciúme e a chantagem para manterem seu poder sobre nós, além de colocar todas nós em posições inimigas.

Choramos, em um segundo momento, ao percebermos que muitas mulheres estão tão alienadas pela dominação patriarcal que ainda se deixam usar. Elas realmente acreditam que são rainhas eleitas pelos machos, e que terão um novo trono prometido para se sentar e um novo reinado para assumir tão logo consigam destronar as "inimigas" — sim, eles sempre dizem que o motivo de não dar tudo o que estão prometendo a elas é devido à mulher ou à ex-mulher megera... ainda há mulheres que acreditam nesta mentira primária... por enquanto...

Nessa situação, a mulher não percebe que a ilusão das promessas logo passará e que a sedução, o carinho e a atenção igualmente se desfarão tão logo a rotina do relacionamento substitua o fôlego da novidade que a vida de amantes possibilita. Como em um passe de mágica, não serão as mais bonitas ou as exclusivas, simplesmente porque deixarão de ser uma novidade atraente, restando-lhes o gosto amargo do abandono, da desilusão, dos maus-tratos, da agressão, do descaso e das ofensas. Compreender esse comportamento-padrão machista é importante para que a amante não gaste energia rivalizando com outra mulher. Vale mais a pena baterem um papo para que, uma ouvindo a outra, descubram as mentiras vividas por cada uma. Falaremos sobre isso mais adiante.

As ricas e as fanáticas religiosas acham que um casamento estável assegura a elas o lugar de rainhas desses homens, mas sabemos que a realidade revela algo bem diferente. O casamento é, na verdade, uma instituição mantida para sustentar as aparências sociais e religiosas, e que o marido Barba Azul gosta de ostentar como demonstração de poder e sucesso.

Com o passar dos anos, nas encruzilhadas da vida, nas esquinas do tempo, bem na calçada da amargura, nos reencontraremos com elas, não porque lá habitamos, mas porque nós, feministas, já estivemos ali, quando ainda permitíamos que os homens nos empurrassem abismo abaixo. Inteligentes que somos, e reconhecendo o quão doloroso é este lugar, aprendemos a subir e a descer as escadas — na verdade, agora subimos e descemos de elevador. Por isso, somos treinadas para estender a mão e ajudar a tirar mais mulheres do fundo do poço.

Mesmo que estejam arredias e queiram nos culpar por sua infelicidade — sim, muitas mulheres ainda culpam as outras, e não o macho, mas isso também está mudando —, seremos brandas, porque um dia já pensamos como elas, pois também não entendíamos o sistema patriarcal ao qual estamos submetidas. Por termos alcançado essa compreensão libertadora, buscaremos entender que elas precisam de

Micromachismos e violência masculina

tempo para se reconstruírem. Afinal, juntar os pedaços de si mesma não é uma tarefa fácil. Todas já juntamos os nossos, quando ocupamos a calçada da amargura.

Conhecem a canção do poeta Milton Nascimento que diz "Eu não gosto de quem me arruína em pedaços"?[6] Passada a dor, avancemos para o próximo verso que pergunta "Onde estará a rainha que a lucidez escondeu?". Essa música nos lembra de um ponto bastante cantado nos terreiros de Umbanda, destinado às pombagiras, que diz "Pra ser rainha não é só sentar no trono/ Pra ser rainha tem que saber governar". Ambas as músicas dizem que não precisamos de homem para nos darmos o lugar de rainha, que basta mantermos o governo de nossa lucidez para, assim, mantermos vivo nosso reinado e poder. Autocontrole, meninas, sempre!

É neste momento que vocês reerguerão a cabeça e poderão reassumir os próprios sonhos; agora, não mais aqueles sonhos infantis que as fazem esperar para serem coroadas como a rainha de um castelo, ou que as levam à rivalidade extrema com outras mulheres pela defesa de seus machos e de seus sonhos de princesa. Trocarão o ideal onírico perfeito pela realidade construída e, para isso, precisarão entender que qualquer relação, com qualquer homem, inclusive as relações afetivas e amorosas, não devem ser disputadas, mas construídas. Só é possível construir um reinado ao lado de alguém que respeite as mulheres que estiveram e que estão presentes em sua vida, incluindo familiares. Afinal, a vida ensina que ninguém é feliz a partir da infelicidade de outrem.

Cientes de nosso direito ao respeito, à liberdade e à dignidade, podemos colocar em prática o exercício da sororidade que aprendemos com a tradicional canção feminista que nos afirma como companheiras, e não inimigas, pois caminhando juntas, estaremos sempre mais fortes e mais protegidas.

---

6   Cf. "Beijo partido". Intérprete: Milton Nascimento. Compositor: Toninho Horta.
    In: MINAS. Intérprete: Milton Nascimento. Rio de Janeiro: Odeon, 1975.

Informamos aos senhores — que ainda insistem nas velhas práticas machistas, abusivas e violentas — que, em breve, não mais haverá mulheres disponíveis para serem iludidas, exploradas, feridas, magoadas, estupradas, abusadas, destruídas e jogadas umas contra as outras. Seremos rainhas de nosso próprio castelo, construído com nosso próprio trabalho e, então, não precisaremos mais de príncipes infantis, disfarçados de reis ou salvadores da pátria. Seremos rainhas casadas com nosso corpo e nossas liberdades espiritual, amorosa, social, intelectual, sexual, existencial, profissional, autoral, acadêmica, procriadora etc.

O que evidenciamos aqui é que o modelo patriarcal tradicional se baseia na crença da superioridade do gênero masculino, causando danos às mulheres e às crianças, não sendo vantajoso à humanidade nem tampouco aos homens, que permanecem arraigados às práticas machistas para se manterem em posição de privilégio, alimentando ilusões sentimentais e relacionamentos baseados em mentira. A violência de gênero deriva desse modelo de relação e se manifesta por meio dos micromachismos e da violência social.

As estatísticas mostram que os homens são os maiores responsáveis pela prática da violência no ambiente familiar. As mulheres, além de a exercerem em menor escala, são apenas reprodutoras dos comportamentos machistas. Portanto, cabe aos machos, principalmente, modificarem a si mesmos se quiserem estabelecer relacionamentos igualitários e cooperativos com mulheres e gerar uma sociedade com menos violência.

Quantas vezes você já se perguntou o quanto um ambiente familiar violento pode ter contribuído para a formação de um criminoso ou de uma criminosa? Pessoas que são violentas na rua, geralmente, foram criadas em ambientes familiares igualmente violentos. Por isso, precisamos falar publicamente sobre a relação direta entre violência doméstica e criminalidade.

Micromachismos e violência masculina

Rivalidade × amizade feminina

Em decorrência de todo o processo histórico anteriormente descrito, que resultou em silenciamento das mulheres e apropriação do corpo, dos sentimentos, dos desejos, da sexualidade e dos direitos reprodutivos femininos, a mulher foi gradualmente moldada para um formato de relacionamento social: o casamento padrão. O comportamento e a liberdade sexual dela foram igualmente padronizados pela sociedade patriarcal, que estabeleceu o padrão da mulher perfeita — bela, recatada e do lar —, ou seja, aceita socialmente.

Foram séculos de dominação cultural — desde o período de caça às bruxas até a influência eurocristã na formação das sociedades —, que perdura até os dias atuais como uma herança maldita. A consequência de tantos anos assistindo às mulheres sendo lançadas vivas às fogueiras — por tentarem ser livres e donas de seus próprios corpos — foi o medo da morte e da tortura por insubmissão.

O pânico e o terror espalhados pela Santa Inquisição foi tamanho que as mulheres desenvolveram comportamentos de desconfiança, rivalidade e fofoca (denúncia) entre elas mesmas. O medo de serem acusadas de bruxaria fez com que as mulheres acusassem umas às outras, mesmo sem provas, apenas para se defenderem, ou seja, para se livrarem da morte, como se nós fôssemos nossas próprias inimigas. Esse clima de terror foi tão perverso e destrutivo entre as mulheres, que toda a nossa sororidade e toda a nossa dororidade foram completamente destruídas. A rede de solidariedade, acolhimento e parceria milenar que nutríamos desde o início das gerações foi dilacerada. Passamos a nos afastar umas das outras. Até os nossos parentes homens foram postos contra nós por medo de serem condenados à prisão por não denunciarem as bruxas da família. Tornaram-se nossos inimigos e perseguidores e passaram a nos denunciar, para se defenderem, já que o crime de bruxaria era apenas feminino, restando aos homens a prisão ou a morte por enforcamento.

A palavra "amiga" foi traduzida como sinônimo de "fofoqueira", pelo fato de a amizade entre mulheres ter se tornado, por si só, objeto de desconfiança, traição e rivalidade. É a partir deste momento da história da humanidade que a falta de solidariedade e proteção entre nós começa. Caímos nas armadilhas patriarcais e começamos a desconfiar uma das outras, a nos trair, a rivalizar e a disputar entre nós mesmas. Algumas de nós agem assim até hoje, pois não percebem que reproduzem um comportamento determinado pela sociedade patriarcal e estabelecido a fim de impedir que nossa união desestabilize o domínio do macho sobre nós, incentivando-nos e ensinando-nos a odiar as mulheres.

Quanto mais ódio geramos umas pelas outras, mais o machismo se fortalece. As mulheres precisam observar que os homens não disputam entre si, não se denunciam, não se entregam e não rivalizam. São cúmplices e solidários uns com os outros o tempo todo, exatamente como éramos antes de nos classificarem como bruxas e derramarem seu ódio entre nós. A mulherada precisa conhecer nossa verdadeira história, apropriar-se do pensamento feminista para, assim, mudar esse comportamento, até voltarmos a ser fortes como éramos no passado.

Salve o matriarcado: manual da mulher búfala

Outra prática cultural inventada pela religião cristã que contribuiu enormemente para o ódio e a rivalidade entre as mulheres foi o casamento contratual, celebrado com uma pomposa cerimônia religiosa. Esse modelo de casamento se tornou uma tradição tão forte, que até nos esquecemos que ele foi inventado para atender a interesses econômicos.

Antes da interferência católica e do Estado, a união entre duas pessoas ocorria por amor ou por circunstâncias tribais, variando de cultura para cultura, pois as relações de afeto eram desenvolvidas dentro das próprias comunidades. Com a expansão mercantilista, a necessidade de um registro da titularidade da terra e das posses patrimoniais fez com que a Igreja inventasse o casamento contratual, para o qual o amor entre os nubentes não era uma condição necessária, mas sim a expansão e a manutenção dos bens negociados pelas famílias dos noivos. A Igreja e o Estado criaram o casamento civil para registar esse aumento de patrimônio por meio de um contrato, que ainda contaria com as bênçãos ou os castigos divinos. A Igreja criou a imagem da noiva casta, vestida de branco, com o véu da pureza virginal, entrando pelo tapete vermelho da igreja, conduzida como uma princesa, admirada e invejada por todas as outras mulheres. Após a assinatura do contrato e da cerimônia de transmutação da noiva-rainha, era celebrada uma grande festa para que a dama eleita pelo marido-rei se exibisse perante a sociedade como a mulher que foi escolhida por Deus e recebeu o casamento como um prêmio por sua castidade e obediência, tendo seu futuro como esposa feliz assegurado para sempre. *#sóquenão*

Há um detalhe sórdido nesta ritualística responsável por sustentar o patriarcado e que pouquíssimas mulheres percebem. A mulher é conduzida até o altar pelo macho-pai — primeiro proprietário da mulher, enquanto filha — para, então, ser entregue às mãos do macho-marido — segundo proprietário, agora como esposa. Não por acaso, a institucionalização do patriarcado estabeleceu que a mulher assumisse o sobrenome do marido após o casamento, mantendo apenas o paterno e excluindo o sobrenome e importância da mãe. Tal como gado, somos

Rivalidade × amizade feminina

marcadas pelo nome dos homens que se consideram nossos proprietários e se revezam em nossa titularidade.

Durante anos, em muitas culturas, a criança era registrada apenas com o nome do pai. Com o passar dos anos, esta prática foi mudando à medida que os homens foram tendo a liberdade de não assumir os filhos que fazem por aí, até chegarmos ao costume atual, socialmente aceito, de acordo com o qual o pai sente-se desobrigado a registrar as(os) filhas(os) e a assumir a paternidade, o que é considerado normal pela sociedade patriarcal.

O casamento, tal como foi constituído, tornou-se objeto de desejo e consumo. Desejo das meninas e jovens que se consideram menos mulheres por não serem capazes de conquistar bons casamentos e por estarem, consequentemente, condenadas ao estigma de solteironas amarguradas. A grande informação negada ao universo feminino é que muitas mulheres casadas não são felizes como aparentam, por exemplo, nas imagens de família perfeitas das redes sociais.

Desde então, a Igreja passa a cobrar por cada casório realizado e a mídia começa a vender finais felizes na dramaturgia, mostrando casamentos perfeitos em filmes, novelas, seriados e livros, transformando esse contrato religioso em um objeto de consumo lucrativo que enriquece cada vez mais a indústria casamenteira.

Já para o universo feminino, foram gerados efeitos perversos, como a inveja, o desrespeito e a criação da figura da amante, além das consequentes rivalidade e disputa que se estabeleceram entre nós.

A dominação patriarcal coloca o macho em um lugar de tamanho privilégio, que temos a impressão de que existem poucos homens bons no mundo e que, por isso, devemos disputá-los a tapa (*#elasquelutem*). Erroneamente, achamos que, se quisermos um bom casamento e no meio do caminho houver uma outra mulher na vida deste homem, devemos nomeá-la como rival e arqui-inimiga, empenhando todo nosso esforço para destruí-la, pois acreditamos que ela está usando todo o seu poder sobrenatural de bruxa para seduzir o pobre homem.

Salve o matriarcado: manual da mulher búfala

Agindo dessa forma, percebemos, mais uma vez, que o patriarcado continua a nos jogar umas contra as outras. É comum que a mulher, ao descobrir um relacionamento extraconjugal do(a) marido(esposa), namorido(a), namorante, ficante, amante, *crush*, ou seja lá o que for, concentre toda a raiva na mulher, por tudo aquilo que falamos anteriormente. Fomos ensinadas a poupar e proteger os homens e a acusar as mulheres pelos danos da sociedade.

No fundo, essa atitude mascara uma profunda covardia de nossa parte, porque, na realidade, sabemos que, na cultura machista, não temos força para sermos ouvidas e apoiadas em nossas reivindicações. Não teremos apoio, às vezes, nem mesmo familiar, para sermos amparadas em um grito de independência quando finalmente criamos coragem e explanamos o desrespeito do macho, porque simplesmente ouviremos de todos (atualmente, de quase todos) que isso é coisa de homem e que a culpa de tudo é nossa. O mais doloroso é ouvirmos isso de nossas parentas e amigas, o que demonstra total reprodução do comportamento patriarcal e reforça cada vez mais a proteção ao macho e a criminalização da mulher.

O comportamento correto deveria ser de respeito e solidariedade, iniciando por ouvirem umas às outras. Quando percebemos que um homem está mentindo, iludindo e usando duas ou mais mulheres, ao mesmo tempo, devemos entender e aceitar que, se existe alguém que deve ser julgado e criticado, essa pessoa é ele e não ela, pois nem sempre somos contempladas com a verdade. Antes de nos xingarmos, deveríamos nos ouvir e dar uma à outra a oportunidade da falar e de ser ouvida, contando cada uma sua versão da história. Esse velho jogo de uma ficar falando da outra por trás, xingando e vasculhando as redes sociais para acusar de qualquer coisa está mais que ultrapassado. Não nos leva a lugar algum; pelo contrário, só aumenta nossas feridas e nos afunda ainda mais.

Gostaria de propor uma mudança radical em nossos comportamentos com os homens — não sei se pode ser útil para relacionamentos en-

Rivalidade × amizade feminina

tre mulheres também — vocês decidem. Vamos criar uma espécie de "banco de dados do comportamento relacional do boy-magia", um espaço virtual onde possamos saber as principais referências de um bofe quando passarmos de um relacionamento casual para algo mais sério e constante — quase um trailer dos antecedentes dele. *#ficaadica*

Acho essa medida extremamente protetiva, pois poderíamos falar e agir em prol da segurança de nossa própria de vida. Assim como a gestão de pessoas que as empresas fazem — buscando referências profissionais em empresas anteriores para saber sobre nossos desempenho e comportamento, e julgar se estamos aptas ou não ao cargo, evitando problemas futuros de convivência social no trabalho —, em minha opinião, devemos fazer o mesmo com os candidatos a bofe em nossa vida.

Por exemplo, imagine que você está saindo com um boy-magia, que está tudo indo a mil maravilhas, e vocês comecem a pensar em um relacionamento sério. Então, cegamente apaixonada, você vai assumir uma relação com alguém que conheceu há pouquíssimo tempo, acha que ele é o homem de sua vida e que, por isso, já podem morar juntos, ter filhos, comprar coisas juntos, usar, inclusive, o seu cartão de crédito ou a reserva na poupança, enfim... Você acreditou em tudo o que ele falou, mesmo percebendo que muita coisa não fazia sentido, principalmente sobre o que diz respeito às ex-mulheres e ex-namoradas. Mas você ignorou, preferiu concordar com tudo e até sentiu pena dele por ter sido tão pouco valorizado, desrespeitado e até traído no relacionamento com a "megera" que a antecedeu na vida dele. Você até pensou "Nossa, que mulher burra... desfazer de um bofe desses!".

Você segue a todo vapor na locomotiva da paixão, às vezes até pensando em jogar tudo para o alto e viver com o homem de sua vida. Afinal, ele é tão perfeito e encantador que você nem imagina que o adjetivo "mentiroso" caberia a ele. Não, nem pensar! Você crê que ele é verdadeiro, que é um homem solícito, atencioso, dedicado, charmoso e que, obviamente, a ex foi uma idiota por não ter dado valor a um homem como ele. Para completar, acha que você, sim, vai fazê-lo feliz, porque

144   *Salve o matriarcado: manual da mulher búfala*

ele a faz tão bem. A paixão não a deixa perceber que você não o conhece há tempo suficiente para acreditar em tudo o que ele fala; nem se dá conta de que só ouviu um lado da história. A outra parte, a versão da ex, foi ou ainda está silenciada.

Nessa hora, parece que perdemos a memória, pois esquecemos que nosso ex-marido/namorado também nos silenciou ou silencia, ou seja, que ele fez e continua fazendo com outras mulheres o mesmo que fez conosco. Também não tivemos a oportunidade de nos defender e tentar alertar a nova mulher, nem de contar a nossa versão sobre ele, dizer que ele mentiu, contar quem ele é de verdade e tudo o que passamos ao lado dessa pessoa. Imagine se, nestas circunstâncias, tivermos a possibilidade de acessar esse banco de dados do comportamento relacional do boy-magia e ali, nessa espécie de galeria virtual, tivermos acesso a depoimentos e a, pelo menos, umas três versões femininas dos últimos relacionamentos?

Considere que este homem, em quem passamos a acreditar e confiar, tenha um histórico de agressividade com as últimas mulheres com quem se relacionou. Qual a probabilidade de que esse comportamento violento se reproduza com você? Considere que haja um histórico de estupro — dentro e fora do casamento — nos últimos relacionamentos dele. Qual a probabilidade de que isso se repita com você? Considere que ele tenha provocado abortos compulsórios para esconder a irresponsabilidade. Qual é a probabilidade de que isso aconteça com você? Considere a possibilidade de que ele não tenha assumido uma criança, não tenha pagado pensão alimentícia e não visite os filhos dos últimos relacionamentos. Qual é a probabilidade de que isso ocorra com você? Considere a possibilidade de que ele tenha sido um babaca, machista e escroto nos últimos relacionamentos. Qual é a probabilidade de que esse comportamento não se repita com você?

Enfim, realmente acho que precisamos criar mecanismos de escuta e troca entre as mulheres, pois isso evitaria muito desperdício de tempo e de energia investidos em relações ilusórias.

Rivalidade × amizade feminina

Definitivamente, as mulheres precisam renunciar ao comportamento infantil de acreditar em tudo o que os homens dizem. Algumas mulheres se iludem a ponto de ouvir as histórias de comportamentos agressivos e babacas que o homem teve com a ex-mulher e ainda defendê-lo, alegando que com elas não é assim, que ele mudou e, agora, é supersolícito, atencioso e carinhoso. A grande pergunta é: até quando?

Uma mulher não pode se sentir mais amada por um homem, usando como parâmetro os maus-tratos cometidos por ele a outras mulheres. Sinceramente, isso é muito superficial, e nós merecemos mais que isso. Merecemos ser tratadas com respeito por todos os homens, mas só conquistaremos isso quando criarmos estratégias de defesa contra as atitudes nocivas do patriarcado. Considero a capacidade que o homem tem de detonar a ex-mulher e de se fazer de vítima para a atual como uma das mais nocivas, pois ele, assim, perpetua o ciclo do machismo, enquanto nós seguimos nos revezando no papel de novas vítimas silenciadas.

Devemos aprender a sempre ouvir umas às outras. Uma mulher jamais deve acreditar no que um macho fala sobre outra mulher sem oferecer a ela a oportunidade de ouvi-la.

Se você acha que não tem estrutura ou maturidade emocional para perguntar à ex — que, às vezes, nem é ex de verdade; pode ainda ser atual, e você nem saber — se tudo o que ele falou é verdade, tudo bem, mana. Não se violente. Respeite o seu tempo. Mas, por favor, também respeite a mana que está do outro lado da história. Trate-a com o mesmo respeito com que gostaria de ser tratada, e não acredite em tudo o que o macho-alfa fala sobre ela.

Às vezes, a mulher que está do outro lado da história ainda nem conseguiu se recuperar da mágoa que esse homem lhe causou; pode estar destruída e você nem sabe. Enquanto isso, o macho-alfa anda por aí, seduzindo novas mulheres, falando mentiras que o colocam no papel de vítima, bom pai, bom companheiro, tudo isso para impressionar as novas conquistas às custas da dor silenciada das mulheres que ele feriu. Eles fazem isso porque têm a convicção de que não procuraremos umas às outras para oferecermos a oportunidade de fala e escuta. Damas, precisamos nos reinventar! Vamos acordar!

Desconfie, principalmente, quando ele se referir a ela como alguém que fez horrores a ele — traiu, roubou, mentiu etc. Caso seja verdade, pense sobre o que esse homem pode ter feito para causar tanta dor, a ponto de a mulher reagir com tanta raiva. Cá entre nós, mana, sabemos que a maioria das mulheres só trai, rouba, mente, destrói, faz barraco ou se vinga quando está com muita raiva do que esses machistas babacas causaram. Bem diferente da maioria deles, que já nasce traindo, mentindo e destruindo as nossas vidas. Será que eu estou errada?! Há nesta trama, provavelmente, muitos fatos que você não sabe, mas que deve buscar entender melhor para saber a verdade que está rolando por debaixo da ponte. Concordam?

Uma das coisas que os machos fazem de melhor na vida é jogar uma mulher contra a outra, e fazem isto para se defender. Enquanto não aprendermos a romper com a ditadura do silêncio imposta pelo patriarcado e não tivermos coragem para pensar, falar e nos colocar no lugar da outra, não seremos capazes de pôr fim a essa cultura da mordaça com que calam nossas bocas desde o período da Inquisição.

Conheço casos de mulheres que se odeiam há anos apenas baseadas naquilo que ouviram um homem falar, sem nunca ter checado umas com as outras a veracidade dos fatos. Eles usam esta estratégia o tempo todo, inclusive em ambiente profissional, para perdemos bastante tempo rivalizando entre nós, porque acreditamos em tudo o que nos falam a respeito da outra. Enquanto isso, eles roubam nossos cargos de trabalho, pois são beneficiados por nossa diminuição de produtividade que a fofoca, inevitavelmente, acarreta. Meninas, isso tem que acabar!

Eu também acho, *#sóacho*, que temos que criar, além do banco de dados do comportamento relacional do boy-magia, uma espécie de *ranking* público nas redes sociais, pois eles ficam putos quando são publicamente escrachados. Nesse *ranking*, pontuaremos suas classificações dentro do relacionamento. Penso que seria mais ou menos assim:

Rivalidade × amizade feminina

Defina, de 0 a 10, o nível de machismo escroto que você identificou no(a) ex, atual, bofe, mina, amante, marido, esposa, namorado(a), ficante, *crush*... enfim, em cada situação:

Nome dele (aquelas que desejarem expor, é claro): _____
( ) Não realiza trabalhos domésticos
( ) Ocupa mais espaço físico do que devia
( ) É grosso(a) a maior parte do tempo
( ) Não respeita sua fala
( ) Não é atencioso(a), carinhoso(a) ou colaborativo(a)
( ) Dorme depois que goza e deixa você na mão
( ) Relaciona-se com mulheres baseado em mentiras
( ) Não compartilha as obrigações em relação às(aos) filhas(os)
( ) Apresenta ciúme possessivo abusivo
( ) Não demonstra apoio real à sua vida pessoal/profissional

Se essa moda pegar, teremos um esboço do perfil dos cavalheiros ou damas com quem nos relacionamos, poupando-nos um tempo enorme de decepção e aborrecimentos no futuro. Pelo menos, teremos mais lucidez para sabermos com quem estamos nos relacionando. Buscar menos ilusão e mais verdade no início de qualquer relação ajuda a diminuir as expectativas e evitar desilusões amorosas, frustrações e sofrimentos em nossa vida.

Obviamente, eles(as) não apresentarão comportamentos exatamente iguais em todos os relacionamentos, mas a probabilidade de o machismo e os micromachismos serem reproduzidos é grande. A menos que ele(a) tenha sido realmente punido(a) por ser tão babaca, pode acreditar, mana, eles(as) vão repetir esse comportamento até darmos um basta e dizermos que não aceitamos mais, e ponto-final. Ou eles mudam e melhoram suas atitudes com todas as mulheres ou trocamos de macho ou mulheres — de novo, novamente e mais outra vez —, assim como trocamos de roupa diariamente em nossas vidas. En-

Salve o matriarcado: manual da mulher búfala

quanto não aparece a pessoa certa, a gente se distrai com os(as) errados(as). Entenderam a pegada?

Por fim, mas não menos importante, não se relacionem com homens que desonram a sua própria linhagem ancestral materna! Homens que envergonham suas mães, maltratam suas companheiras de jornada e, por vezes, as mães de seus filhos, são automaticamente amaldiçoados pelo ventre da Mãe Terra. Evite tê-los por perto, pois não trazem boa sorte, além de arrastar dor e sofrimento por onde passam. Isso vai poupá-la de um desgaste energético imenso!

Enfim, considero o capítulo sobre micromachismos e este como os mais importantes do livro. Realmente, precisamos aprender a identificar, nomear e enfrentar as diferentes formas de violência do macho — e das minas que se comportam como eles —, mas precisamos, igualmente, com a mesma intensidade, voltar a cuidar umas das outras, como sempre foi na Antiguidade. Quanto menos rivais e mais irmãs as mulheres forem umas das outras, maior se torna nosso potencial para voltarmos a ter forças para tecer a teia da solidariedade que sempre nos sustentou. E, assim, nenhuma de nós se permitirá ser usada por um macho, ou qualquer pessoa, para ferir outra mulher.

Iniciemos a revolução feminina por meio de nosso autocuidado e autoproteção feminina já! Prepare-se para fazer as pazes com todas as mulheres de sua vida. Será devagar, cada uma em seu tempo de compreensão, mas chegaremos lá. Há de chegar o dia em que nenhuma mulher odiará a outra e, simplesmente, iremos nos respeitar, proteger e amar, porque uma entende o que a outra passou ou está passando. Isso, sim, é uma estratégia de luta revolucionária contra o patriarcado. Avante, meninas!

Rivalidade × amizade feminina

Comportamento sexual e afetivo feminino

A sexualidade sempre foi um campo de nossa vida totalmente atacado, perseguido e normatizado pelo patriarcado. É quase impossível mensurar o impacto que a apropriação de nossos corpos e sentimentos trouxe como limitação para nosso prazer e nossa realização.

Primeiro nos obrigaram a casar, independente de amarmos ou não o marido. Depois, disseram que precisávamos ser puras, recatadas e do lar, ou seja, que não podíamos ser sexualmente livres. Deixamos de ser mulher na hora em que bem entendêssemos e com quem escolhêssemos; perdemos, inclusive, a liberdade de escolher os próprios machos ou fêmeas com quem gostaríamos de nos relacionar. A homoafetividade era comum em várias culturas tradicionais, passando a ser perseguida e proibida somente na Idade Moderna pela Igreja Católica, cuja hegemonia influenciou outras culturas em todo o mundo.

O prazer feminino passou a ser proibido, perseguido e condenado. Muitas prostitutas e outras mulheres foram ateadas à fogueira por ousarem expressar sua sensualidade e sua sexualidade. A mulher de casa, a esposa, deveria ser casta, silenciosa (silenciada, na verdade), religiosa e não deveria demonstrar interesse nem preocupação com o próprio prazer.

Resumindo: proibiram-nos de gozar! As santas não gozam, só procriam, choram e padecem no paraíso da maternidade celestial. Também nos impuseram a fidelidade como regra, e as que se rebelavam podiam ser mortas, como muitas que se atreveram a lutar contra o sistema patriarcal e não silenciaram seu fogo, seu sexo e seu desejo. Pagaram o preço da liberdade com as próprias vidas, como foi o caso de minha mãe, Sueli da Silva, e da querida Marielle Franco.

Muitas mulheres tornaram-se prostitutas por opressão, mas muitas também o são por não admitirem um sistema patriarcal de submissão e privação de sua liberdade corporal e afetiva. Mas esse é mais um tema-tabu socialmente silenciado.

O aprisionamento de nossos corpos e desejos nos desensinou a ter orgasmos. A mulher deveria fazer sexo somente quando procurada pelo homem dentro de casa. Jamais deveria ter prazer com outra pessoa, somente com o marido, quando ele assim quisesse e da forma como ele quisesse. Já o macho, o Barba Azul, está liberado até hoje para fazer sexo com a mulher de casa, com as amantes, com as "peguetes" da rua e com as(os) profissionais do sexo — sim, a maioria dos clientes das manas prostitutas e dos travestis é de homens casados.

Por séculos, tal desigualdade foi justificada, imposta e assegurada pela cultura patriarcal por meio de leis, como a criminalização do adultério, vigente ainda em muitos países. Muitas mulheres atravessaram uma vida inteira sem o direito de viver com quem amaram, de sentir orgasmos e de ter liberdade para se relacionar com outras mulheres.

Em uma relação inversamente proporcional, os homens passaram a ter cada vez mais liberdade e privilégio para falar à vontade com os amigos e fazer sexo com quem bem entendessem.

Junto à falta da liberdade e do prazer sexual feminino, também veio o aumento da frustração, a introspecção e o isolamento das mulheres. Sexo tornou-se assunto de homem, e muitas de nós começaram a desenvolver doenças, como crises nervosas, ansiedade e depressão em razão da falta de uma prática sexual saudável. Algumas nunca tiveram sequer a coragem de admitir ou considerar essa realidade.

Sexo é uma necessidade da fisiologia humana. É como fazer xixi e se alimentar — se não for feito com a regularidade peculiar de cada organismo, pode levar algumas pessoas a desenvolver uma série de transtornos devido à ausência do bem-estar gerado pelos hormônios, como a ocitocina e a dopamina,[1] produzidos durante a atividade sexual.

A hipocrisia com que o sexo foi tratado, tendo sido considerado pecado pelo discurso hegemônico religioso, fez com que muitas mulheres nunca tivessem a oportunidade de falar sobre o assunto, nem mesmo com as melhores amigas. Em decorrência disso, ainda hoje, é gigantesco o número de mulheres que nunca atingiram o orgasmo, que fazem sexo por obrigação com pessoas que não desejam realmente ou que fazem menos sexo que o organismo delas necessita.

Em virtude de todos estes fatos, também precisamos fazer a nossa revolução sexual. Não podemos mais aceitar que nos digam com quem, quando, onde e como podemos fazer sexo. O corpo é nosso, e a gente trepa com quem a gente quiser, como quiser e onde quiser. Abaixo a ditadura da libido!

As mulheres passaram a ter vergonha de falar sobre sexo e sobre o corpo. Passaram a esconder suas dúvidas e curiosidades, o que antes era experienciado e trocado com as mais velhas, que ensinavam como nos relacionarmos com a própria sexualidade. Perdemos o costume de sermos aconselhadas pelas mais experientes, as mais sábias e detentoras dos segredos da vida, mas precisamos retomar essa prática urgentemente.

Devemos começar perdendo a vergonha de falar sobre o assunto e, às mulheres que se sentem confortáveis com esta provocação, sugiro que façamos exatamente como os homens. Não porque são bons exemplos,

---

[1] Hormônios responsáveis por diminuir o estresse e a dor e trazer a sensação de felicidade, amor, euforia, desejo, satisfação e recompensa.

Comportamento sexual e afetivo feminino

mas pela sensação libertadora e transgressora que certos comportamentos nos provocam, como falar sobre sexo quantas vezes quisermos. Devemos ler, pesquisar, buscar tratamento com sexólogas, psicólogas, com terapias alternativas como o pompoarismo, massagem tântrica, dança do ventre, danças em geral, ou seja, tudo o que faça com que nos relacionemos melhor com o próprio corpo vai nos ajudar imensamente a entender e lidar com nossa corporalidade e sexualidade.

Tendo isto como regra, as mulheres precisam aprender — exatamente como foi permitido aos homens na infância e na adolescência — que sexo é uma necessidade e que quando o corpo pede sexo, devemos dar atenção e atender a esse pedido com muito carinho. Não podemos ignorar nossos corpos quando estamos cheias de tesão, com nossas vaginas em erupção, loucas para gozar, fingir que não há um turbilhão de energia sexual em movimento dentro da gente e partirmos para nossos compromissos profissionais, sociais, maternais, acadêmicos e religiosos como se não houvesse nada importante acontecendo em nós. Um corpo em erupção não permite que se tenha paz e produtividade para desempenhar outras atividades. Dê atenção à sua libido primeiro, e depois parta para seus compromissos.

Se for preciso, aprenda a se masturbar logo pela manhã, antes de sair de casa. Se tiver com quem fazer amor, faça, e, se não tiver, faça com você mesma. Os homens costumam se masturbar logo pela manhã, no banho, para começar o dia leves, sem estresse. Que tal fazer o mesmo?

O primeiro passo é entender que sexo se faz com o corpo, não necessariamente com outra pessoa. Tudo o que você precisa para chegar ao orgasmo está em seu próprio corpo. Então, meninas, vamos aprender a conhecer muito bem o corpo porque é ele que vai nos dar prazer, e não outra pessoa. Bora começar a se masturbar imediatamente, muito, sempre, sem parar, até o último dia de nossa vida.

Se é o seu corpo que vai lhe dar as sensações de prazer e orgasmo, se cada corpo possui terminações nervosas diferentes, você precisa explorar muito bem cada detalhezinho dele para saber o que te dá prazer ou não. Você deve investir horas nessa busca, quantas forem necessárias, até que saiba chegar ao prazer consigo mesma, e nunca mais depender de ninguém ou de qualquer tipo de sexo — com aqueles que só querem usá-la — para proporcionar o prazer que você sabe se dar sozinha, combinado?

Os meninos se masturbam desde que se entendem por gente. Antes de terem a primeira relação sexual com outra pessoa, eles já alcançaram o prazer solo centenas de vezes. Diferentemente da maioria das mulheres, que parte para a primeira relação sexual com outra pessoa sem nunca ter se tocado ou se levado ao prazer sozinha. As consequências dessa falta de autoconhecimento sobre o funcionamento do próprio corpo fazem com que as mulheres depositem toda a expectativa do orgasmo nas mãos de outra pessoa, transferindo, dessa forma, toda a responsabilidade de seu prazer para terceiros.

Além disso, toda a construção de nosso imaginário erótico está baseada no prazer masculino. É quase impossível não tropeçarmos no abismo da frustração, porque uma pessoa que não convive 24 horas por dia e não tem intimidade com seu corpo desde o nascimento não é obrigada a conhecer as suas áreas erógenas.[2] Tampouco os lugares que a esfriam, ao invés de a aquecerem. Quanto mais você conhecer seu corpo, melhor vai poder dizer à outra pessoa o que lhe dá prazer, onde tocar, onde não tocar, o que fazer ou não fazer, e como fazer.

Nosso corpo é um mapa de um continente inteiro que deve ser explorado por nós mesmas antes de qualquer pessoa. Você usa e depende de seu corpo o tempo inteiro para tudo e, por isso, você tem a obrigação de oferecer muito carinho e muitas carícias a ele. Como você pode cuidar do carro, do computador, do cabelo, da unha, do cachorro, da gata, do fogão, da casa, do almoço, da geladeira e não cuidar de seu maior patrimônio que é o próprio corpo? Ai, ai, ai, meninas! Essa máquina de prazer precisa de repouso e de relaxamento, como toda máquina necessita. E se você não cuidar de seu prazer e de seu corpo, quem vai cuidar?

---

2   Partes do corpo ricas em terminações nervosas que geram muito prazer ao serem estimuladas favoravelmente.

Comportamento sexual e afetivo feminino

Repare que os meninos não se apertam com isso, porque, quando querem sexo e não têm uma pessoa disponível, fazem-no com eles mesmos e resolvem a vida. Por que as mulheres precisam depender de alguém para sentir prazer? Acreditem, quanto mais bem-resolvida você estiver com seu corpo, sua libido e sua sexualidade, menos estressada você ficará e, consequentemente, se sentirá uma pessoa mais bonita e atraente.

Lembre-se: seu corpo é o maior presente que as suas ancestrais lhe deram. Não importa a forma que ele tenha, nunca se envergonhe dele. Seu estereótipo é a herança genética de suas ascendências tribais. Não se rotule nem se diminua por sua beleza ser diferente da estética padrão (europeia e americana) que define quem é bonita, *sexy*, desejada e sensual. O prazer que você sente é intransferível. Ninguém pode tocá-la ou sentir prazer por você. Entenda que o seu corpo pode proporcionar prazeres indescritíveis, e isto não depende de ninguém, só de você mesma. É preciso, inclusive, saber decidir se alguém está autorizado ou não a tocá-la. Você não precisa ser o objeto de desejo sexual de ninguém além de você mesma. Cuide-se da forma mais carinhosa possível, mime-se bastante até conseguir se olhar diariamente no espelho e dizer a si mesma o quanto você é linda, maravilhosa, gostosa e o quanto você merece dominar seu próprio prazer. Lambuze-se com seu próprio orgasmo, pois, além de ser maravilhoso, vai ensiná-la a se amar cada vez mais. Não dependa da opinião de terceiros para se considerar desejada. Não permita que a estética machista defina o seu padrão de beleza. Ame-se! Deseje-se!

Os dois principais motivos pelos quais as mulheres não atingem o orgasmo são o desconhecimento — falta de intimidade e autoamor em relação ao corpo — e a falta de concentração e treinamento muscular vaginal orgástico.

A mulherada que já se relacionou ou se relaciona com homens sabe que a capacidade de concentração que eles têm para atingir o orgasmo é incrível. O mundo pode estar caindo, criança chorando, panela no fogo, vizinho brigando, mas eles se concentram e chegam lá. O fato é que desenvolveram essa habilidade em virtude do número imenso de masturbações que acumularam desde a infância; desse modo, aprenderam a se concentrar em seu próprio corpo para não desperdiçar a energia fisiológica e mental que uma masturbação requer.

Eles sabem, desde a infância e a adolescência, que precisam se esconder um pouco para ter prazer — quase sempre nos raros momentos de privacidade sem os pais —, pois sabem que podem perder o pique caso sejam interrompidos por algo ou alguém. Então, desenvolvem uma concentração extrema aliada ao treinamento muscular orgástico peniano, o que lhes possibilita enorme controle e conhecimento de seu prazer e, por isso, e a chegada ao orgasmo independentemente das circunstâncias externas. Basta insistirmos no treinamento, como eles, e prática nos trará êxito — isto, claro, é apenas para as manas que não praticam o autoamor desde a infância, pois algumas mulheres também se tocam desde essa fase.

Eu desafio você a tentar, mana! Se não tinha esse hábito, experimente começar e perceba como tudo em sua vida vai mudar, como você vai se tornar outra pessoa. É incrível o poder que o orgasmo tem na vida de todas e todos os seres humanos. Diferentemente das outras espécies animais, nós somos os únicos que fazemos sexo de maneira recreativa, sem a necessidade fisiológica de reprodução. Se usarmos a energia sexual como força criativa, ela pode se tornar uma grande potência geradora e provocar melhorias em nosso campo emocional e na saúde psíquica.

Imagina quantas pessoas vivem de mau-humor por não estarem sexualmente resolvidas. Sabe aquele ditado pejorativo, que atenta contra o universo feminino e afirma que se uma mulher vive emburrada, estressada e irritada é porque ela é mal-amada? Então, podemos dizer que isso é, realmente, uma verdade. Mas essa realidade pode ser mudada quando, enfim, a mulher começa a se amar, a fazer sexo consigo mesma e a não depender de outrem para sentir prazer. Coma-se! Goze infinitamente, sem parar, até cansar, se assim desejar.

Essa dica também vale para a mulherada que posa de desconstruída e fala que está cansada de bofe que não sabe transar. Precisamos rever esse conceito. Não se trata de defender os machos — até porque

Comportamento sexual e afetivo feminino

a maioria não sabe, mesmo —, mas de realmente estudarmos e buscarmos compreender melhor o sexo e seus múltiplos funcionamentos. Vamos problematizar esse assunto?

Considere a possibilidade de ir para a cama com uma pessoa que você mal conhece. Qual é a probabilidade de você e essa pessoa conhecerem o mapa do corpo um do outro? Em minha humilde opinião, as chances são mínimas. Por isso, sempre evitei ir para a cama com estranhos, pois não tenho um pingo de paciência para jogos de adivinhação. Nada contra a galera que acha que vai saciar a carência sexual transando com pessoas que nunca viu antes, com quem não tem a menor intimidade, afinidade e, às vezes, nem a certeza se está sentindo tesão de verdade ou se é apenas carência e desespero.

Pensando dessa forma, compreendemos que a pessoa também pode pensar o mesmo de nós, que somos péssimas de cama, que não sabemos trepar, pelo simples fato de não conhecermos a pessoa direito e a falta de intimidade nos impedir — por mais bêbados que ambos possam estar — de nos dedicarmos, com intensidade, a explorar o corpo do outro e vice-versa.

As pessoas estão tão desconectadas de sua energia existencial e ancestral que se tornaram escravas dos desejos imediatos e instantâneos. Esqueceram que o melhor do sexo são os jogos de paquera, conquista, sedução gradual e consequente acasalamento. Quem tem o costume de não ir para a cama na primeira noite entende perfeitamente o que estou dizendo. Quando você se permite ter tempo para o jogo de sedução, geralmente, a foda é incrível, porque você teve tempo de conhecer a pessoa um pouco mais, de perceber se há afinidade e química, teve tempo para descobrir um pouco mais sobre o que a pessoa gosta e para criar um clima sedutor por meio da expectativa gerada. Isso é tão legal que, no dia seguinte, mesmo se não iniciarem um relacionamento, você não ficará com raiva de seu corpo, porque não sentirá que ele foi usado, mas, sim, que trocou energia e afeto com uma pessoa legal que, de repente, não dá tesão para mais uma noite, mas que pode, facilmente, ficar em seu rol de amizades carinhosas ou, quem sabe, coloridas. Asseguro que é bem menos desgastante e frustrante que aquela sensação de ter dormido com alguém cujo nome você nem se lembra direito e de querer lavar o corpo mil vezes, perguntando-se como teve coragem de se deitar com "aquilo".

Sinceramente, ser uma pessoa boa de cama não é uma característica performática individual inata; é muito mais uma questão de química, de afinidade sexual, de compartilhamento mútuo e recíproco do tesão. Às vezes, sentimos tesão por alguém que tem essa fama e criamos a expectativa de uma transa incrível, mas isso nem sempre garante a nossa satisfação. Ou seja, entre você e aquela pessoa, a química pode não existir, não rolar. O mesmo pode ser dito sobre você, pois algumas pessoas podem considerá-la ótima de cama, outras nem tanto. Nenhum ser humano consegue agradar sexualmente todos os corpos do universo. Cada corpo tem uma fisiologia diferente; o que é megaprazeroso para uns pode não ser para outros.

Outra questão importante a ser considerada na busca pelo prazer sexual é a compreensão da anatomia biológica de cada corpo. Cada ser humano possui estaturas diferentes de acordo com sua ascendência étnica, e isto também ocorre com nossas genitálias. É por isso que algumas pessoas possuem a vulva mais profunda, mais apertada, o clitóris maior ou não; assim como o pênis mais largo, mais comprido, torto, o saco escrotal grande ou não etc.

Se estamos falando de genética, se a biologia precisa que esses órgãos se encaixem para a realização do coito sexual hétero e se existem anatomias diferentes que, de uma maneira geral, variam entre os tamanhos P, M e G, para ambos os sexos, precisamos entender essa equação quase matemática de primeiríssimo grau: anatomicamente, mulher G encaixa melhor com pênis G; mulher M com pênis M; e mulher P com pênis P.

Traduzindo melhor: pau grande machuca buceta pequena e apertada, buceta funda não sente prazer com pau médio e pequeno e buceta média não sente prazer com pau grande ou pequeno. Entenderam?

Não é uma opinião pessoal, é apenas uma questão de nossa anatomia que precisamos entender de uma vez por todas.

Comportamento sexual e afetivo feminino

Muitas mulheres e muitos homens falam mal do desempenho sexual de uma pessoa depois de transarem com alguém cujo corpo não conheciam. Na verdade, as diferenças de tamanho entre pênis e vagina podem impossibilitar a fricção necessária para provocar prazer ou, ainda, podem causar o efeito inverso, provocando dor durante o ato sexual, principalmente nas mulheres P e M. Essa é a razão pela qual algumas mulheres se sentem violentadas e, consequentemente, traumatizadas após o ato sexual, que lhes causa mais repulsa ou dor que prazer.

Se a mulherada conhecer bem o próprio corpo, não passará por experiências como essa. A mulherada que gosta da penetração vaginal tem que saber qual é a profundidade e a largura da vagina. Para isso, uma boa dica é comprar consolos P, M e G e descobrir qual encaixa melhor. Depois, quando estiver no amasso com alguém, dê aquela segurada básica, de mão cheia, na pica alheia para ter uma noção do volume, comprimento e largura. Pronto! Feito esse *test drive*, você elimina 70% dos problemas sexuais anatômicos que podem ocorrer nas relações hétero.

Certamente, esse mesmo princípio não se aplica nas relações anais, pois a nossa "cuceta", assim como a das manas travas e trans, tem uma anatomia diferente da cavidade vaginal. Como o "edy" (ânus) é seu, talvez o teste do consolo P, M e G — com muito lubrificante, claro — possa ajudá-la a explorar e conhecer melhor a região.

Essas dicas também não se aplicam às relações homoafetivas femininas. Confesso que não tenho muito acúmulo de experiências nessa área para contribuir, em virtude de ter me relacionado pouco com mulheres, mas acho que as relações entre o mesmo sexo e o mesmo gênero são muito mais intensas em tudo. Parto de uma compreensão biológico-fisiológica para sustentar este pensamento. Uma mulher conhece o corpo de outra mulher dez mil vezes melhor, assim como um homem conhece o corpo de outro homem dez mil vezes melhor, o que possibilita uma troca de prazer muito intensa e com menor necessidade de orientação didática entre as parceiras e os parceiros.

Recentemente, temos avançado na conquista do direito de sermos felizes como e com quem quisermos. Por isso, entendo que a orientação sexual e afetiva — seja ela homo, hétero ou bi — de cada pessoa deve ser plenamente respeitada. Que ninguém mais se violente fazendo o que não está a fim ou ficando com quem não quer, apenas para satisfazer à hipocrisia social. Acho, inclusive, que as pessoas do mesmo gênero, principalmente as mulheres, se relacionarão cada vez mais entre si, ou se tornarão ou assumirão — não sei como definir corretamente — a bissexualidade. Sinceramente, acho ótimo, pois vejo como potente uma ferramenta de desestruturação do patriarcado. Meninos e meninas machistas, acordem, estamos nos cansando de vocês! #ficaadica

É importantíssimo lembrar que sexo é energia produtiva. De acordo com a visão espiritualista, podemos ficar conectados de 72 horas a seis meses com a pessoa com quem praticamos um ato sexual. Isso significa que, se você dormir com uma pessoa hoje, em outro país, e a pessoa cometer um crime depois de 3 dias do ato sexual, você partilhará do mesmo ambiente energético da pessoa. Esse é apenas um exemplo para entendermos que devemos preservar e filtrar a nossa energia, ou seja, nada é proibido, mas devemos atentar para não ficarmos destruídas por uma foda que só vai servir para nos vampirizar em vez de nos proporcionar prazer. Preste bastante atenção ao tipo de energia que permitirá receber em seu corpo. Às vezes, você não está fazendo sexo, está sendo vampirizada(o) energeticamente. *#seliga*

8.1 Afeto

Vamos falar agora sobre um importante adubo das relações: o afeto. Afinal de contas, "Por que os homens fazem sexo e as mulheres fazem amor?".[3] Confesso que devorei esse livro, e muito do que está descrito

3   Cf. PEASE; PEASE, 2011.

Comportamento sexual e afetivo feminino

neste capítulo, aprendi com ele. Acredito que todas as mulheres que querem, realmente, entender a diferença biológica e comportamental entre os gêneros, deveriam lê-lo.

Primeiro, precisamos pensar e compreender por que as mulheres fantasiam tanto suas relações afetivas. Por que é tão difícil vivermos de uma forma mais simplificada, com base em tudo o que já sabemos que pode dar errado em um relacionamento? Por que será que estamos à espera do príncipe ou da princesa perfeitos o tempo todo? Por que, raios, as mulheres se apaixonam e baixam a guarda da razão, deixando-se iludir, quando, na verdade, deveriam viver a relação com intensidade, mas sem falsas ilusões?

Precisamos, por exemplo, rever o conceito-tabu de fidelidade criado pelo contrato de casamento eurocristão que nunca deu nem nunca vai dar conta do comportamento instintivo de ninguém, em nenhuma sociedade. Instinto, só controla quem quer e emprega esforços nisso.

A primeira coisa a fazer para diminuir as frustrações das mulheres em relação às traições é parar de usar essa palavra para se referir às relações extraconjugais. Essa palavra é tão forte, tem uma potência destrutiva tão grande, que algumas pessoas jamais conseguem se recuperar de um episódio desses, porque se consideram traídas de verdade.

Vamos inverter as coisas um pouco. Você já se relacionou com alguém de maneira extraconjugal? Em caso afirmativo, sentiu-se traindo o(a) parceiro(a)? O relacionamento de vocês era aberto? Vocês tinham a liberdade de se relacionar com outras pessoas? Esse assunto já foi debatido de forma madura e transparente durante a relação? Você oferece a mesma fidelidade que cobra da pessoa que está com você? Sente medo de ser traída(o)? Por quê? Você já traiu? Já foi traída(o)? Qual foi a sensação?

Se puder, escreva todas as respostas. Leia, releia e pense em como você viveu essas experiências em diferentes momentos da vida. Por fim, pergunte por que as pessoas não conseguem ser fiéis por toda a vida. Você conhece alguém que nunca teve um relacionamento extraconjugal na vida? Tem certeza que essa pessoa não está mentindo? Já tentou ler sobre esse comportamento ao longo da existência humana? Já buscou entender o que o sentimento de posse tem a ver com exigência de fidelidade? Já pesquisou sobre as estatísticas de fidelidade no mundo?

Se você tiver coragem de responder a todas essas perguntas com honestidade e fizer as pesquisas, tomará um susto com o quanto está por fora da realidade.

Até hoje, a fidelidade nunca foi um acordo integralmente respeitado pelos casais. As pessoas que dizem nunca ter vivido relacionamentos extraconjugais são a minoria e muitas, na verdade, não têm é a coragem de assumir.

Com todas estas questões, estou tentando desenvolver a seguinte reflexão: se trair é natural, por que sempre reagimos de forma surpresa e indignada quando ela ressurge em nossas vidas? Por que os relacionamentos acabam por causa disso? Por que a dramaturgia ganha mundos de dinheiro promovendo traições escandalosas? Por que isso torna as pessoas assassinas? Por que quem trai não gosta de ser traído? Por que a hipócrita dominação eurocristã rouba tanto a nossa felicidade quando nos faz almejar comportamentos perfeitos completamente inalcançáveis para a maior parte da espécie humana?

Sinceramente, acho bobeira quando um relacionamento acaba por esse motivo. Acho que a relação extraconjugal, dependendo das circunstâncias em que ocorre, pode ser completamente superada. A burrice, não! Realmente, a burrice não deve ser perdoada. Vamos refletir melhor sobre isso.

Você teve a coragem de falar sobre ou de fazer um acordo sobre relacionamentos extraconjugais no início ou durante a relação? Se não teve, qual é o parâmetro para saber que um acordo ou uma regra foram quebrados? Você cumpriu as regras? Vocês definiram limites? Os limites foram respeitados? O comportamento extraconjugal do(a) parceiro(a) incomoda mais você ou as pessoas que a cercam? O(a) parceiro(a) a respeitou ética e minimamente quando se relacionou com outra pessoa, poupando-a, por exemplo de saber do ocorrido, caso essa

Comportamento sexual e afetivo feminino

seja uma das regras? Ele(a) respeitou um limite de segurança para não se envolver com pessoas conhecidas ou próximas de seu núcleo familiar e do ciclo de amizade?

Dependendo das respostas, pergunte-se se você também cumpriu todos os acordos de não cometer burrices no momento de se envolver com outra pessoa. Sei que parece um questionário interminável sobre o qual você não deve sequer querer pensar, mas diga a verdade: ao saber de uma relação extraconjugal do(a) parceiro(a), não são essas perguntas que martelam em sua mente noite e dia? Então, por que não organizar a relação, fazer todas as perguntas e definir as regras antes de tudo começar? O combinado não sai caro.

Ainda assim, preciso dizer que, mesmo nas relações mais maduras, nas quais todas essas reflexões são debatidas e todas as regras são estabelecidas previamente, todas e todos estão sujeitos à quebra do contrato, e você pode ser surpreendida(o) por uma grande patifaria por parte do(a) outro(a) que, por falta de caráter, consideração, respeito e amor, por canalhice ou simplesmente por falta de maturidade e vergonha na cara ou por excesso de liberdade e egoísmo, pode não a poupar da dor de saber que ele estava com outra pessoa.

Nesses casos, a dor é muito maior, pois aceitar o desrespeito aos acordos é doloroso demais, mesmo para quem tem a mente mais aberta. Se a pessoa já havia se preparado para dar liberdade em troca de não saber, não se trata de poliamor, mas de um acordo entre as partes. Em minha opinião, relações extraconjugais podem ser superadas; a burrice, não.

Mesmo assim, insisto em dizer que tudo na vida passa, tudo se supera, de uma forma ou de outra. Não se violente, respeite o seu tempo de cicatrização. Não se force a ficar com outra pessoa por vingança, se não estiver realmente a fim. Permita-se chorar tudo o que for preciso, pois ser apunhalada por pessoas que considerávamos parceiras é foda para caralho. Viva a dor, mas não se esqueça de que você é incrível e a outra pessoa não a valorizou. Existem milhares de estrelas no céu e 8 bilhões de pessoas no mundo. Então, depois de um prazo razoável — de

2 a 6 meses, no máximo —, coloque a fila para andar. "Levanta, sacode a poeira e dá a volta por cima!" Acredite, o mundo nunca para, ele está sempre girando, então, sua vida também pode voltar a girar e o universo pode trazer-lhe pessoas incríveis. Permita-se tentar, sem grandes expectativas, apenas deixe fluir. Tenho a certeza de que vai valer a pena.

Procure amadurecer a cada relacionamento infeliz. Por mais que doa, perceberá que, com o passar dos anos, à medida que amadurece, você atrairá cada vez menos pessoas imaturas e infantis para perto, e não se sentirá mais atraída por elas. É quando, finalmente, os(as) melhores parceiros(as) aparecerão em sua vida. Normalmente, serão pessoas que já passaram pelo mesmo que você e não têm mais paciência para gente infantil que não respeita a cabeça madura e organizada do outro.

Por isso, insisto: não se deixe amargurar pelo veneno tóxico do desrespeito do(a) outro(a). Deixe que essa pessoa vá embora de sua vida; não mude o seu jeito de ser. Se não gosta de ser um passarinho preso na gaiola, não permita que a aprisionem, continue livre e guarde a sua liberdade para oferecer para pessoas iguais a você, que entendem que amar não é aprisionar, mas sim respeitar o direito que a pessoa possa ter de querer se relacionar sexualmente com outra pessoa, assim como você também pode ter.

Sinceramente, detesto hipocrisia. Todo mundo trai, mas poucos têm a cabeça aberta e a mente amadurecida para organizar isso na vida. Por isso, as relações são cada vez menos sólidas, pois as pessoas continuam tendo relações extraconjugais e os relacionamentos continuam acabando por causa delas. Ou seja, as pessoas desenvolvem relacionamentos sem determinar o que desejam, justamente por não saberem quem são de verdade. Por isso, acabam vivendo uma verdadeira neurose existencial que transfere para a outra pessoa a responsabilidade sobre a própria felicidade, sem que elas mesmas saibam como buscar isso. Não seria mais fácil simplificar, parar de hipocrisia e, no início do relacionamento, admitir a infidelidade ou avisar que a infidelidade é inaceitável?

Comportamento sexual e afetivo feminino

Maternidade

A maternidade sempre foi um tabu apropriado de forma indevida pela cultura cristã, conforme relatamos anteriormente. O cuidado oferecido pela mulher foi utilizado para atender aos interesses econômicos do capitalismo patriarcal, transformando as mulheres em parideiras dos herdeiros do patrimônio acumulado do macho. Ficamos restritas ao ambiente doméstico, e a maternidade passou a ser exigida da mulher como se essa atribuição fosse seu dever e seu destino. As que não se adequavam a esse papel eram taxadas de anormais ou desprivilegiadas.

O resultado disso foi um número enorme de mulheres que se tornaram mães sem a menor vontade de o serem, sem nunca terem se permitido pensar sobre o que era a maternidade e se, realmente, queriam isso para a vida. Não por acaso, ainda é gigantesco o número de mulheres que engravidam sem estarem preparadas, sendo atravessadas por uma gestação que vai alterar a sua vida e interferir em todos os seus sonhos e planos. No entanto, essa mesma gravidez não afetará igualmente a vida e os sonhos do pai.

A maioria de nós só descobre o que é maternidade quando os(as) filhos(as) nascem, sem ter sido preparada pelas mais velhas para ser mãe, como eram os costumes tribais no passado. Surpreendemo-nos com um recém-nascido no colo, requerendo milhares de cuidados, com nosso corpo dilatado, o peito inchado, dolorido, precisando da recuperação necessária para o pós-parto e ainda tendo que deixar nosso autocuidado em segundo plano para cuidar do(a) bebê.

Muitas de nós olhamos para o lado em busca de apoio e não encontramos mulheres mais velhas e experientes para nos dar amparo e suporte nesse momento tão delicado. Aquelas que, como eu, pariram em maternidade sabem que essa experiência pode ser ainda mais fria. A sensação da criança arrancada de nosso ventre e levada para longe, para os cuidados do puerpério, antes de ser posta em nossos braços é algo extremamente assustador. Compreensível em tempos atuais, pois sabemos que são cuidados médicos com o nascituro, mas como será que era antigamente? Esta forma contemporânea de trazer uma criança ao mundo foi tão naturalizada que temos certa dificuldade de considerar a magia do parto natural, no aconchego do lar, e de nos imaginar cercadas pelas mulheres mais velhas de nossa família, sem a frieza do ambiente hospitalar.

Se parir é difícil, tudo que sucede o parto, então, nem se fala. Já mencionamos nos capítulos anteriores que o parto sempre foi feito por mulheres, mas a necessidade econômica patriarcal de dominar nossos corpos fez com que a Igreja criasse a profissão de obstetra, que era exercida por homens e mulheres aliadas — por pressão da Igreja. A mulher passou a ter que parir na frente de estranhos, e não mais no ambiente familiar, como era a tradição. Eram necessárias testemunhas para assegurar que não mataríamos nem sumiríamos com a criança. Essa mudança radical na forma de parir trouxe um empobrecimento do momento mágico, doloroso, inesquecível e maravilhoso que é trazer uma criança ao mundo.

As funções milenarmente desempenhadas pelas parteiras e pelas mulheres mais velhas que acompanhavam a gestação e os cuidados iniciais com os bebês foram substituídas por profissionais, como o(a) obstetra e o(a) pediatra. Quando disserem que a prostituição é a profissão mais antiga do mundo, diga que é mentira, pois a mais antiga é a

Salve o matriarcado: manual da mulher búfala

de parteira. A ideia de dizer que a mulher serve ao papel de profissional do sexo desde o início dos tempos é uma forma de diminuir ou desqualificar nossas potencialidades — que são múltiplas, e entre as quais se inclui o sexo, mas que não se limita a ele.

O patriarcado é tão perverso conosco que a profissão mais feminina e mais antiga do mundo, a de parteira, foi desqualificada, perseguida, associada à bruxaria e proibida. Hoje, as parteiras lutam para retomar o direito de fazer o que fazíamos há milhares e milhares de anos: o parto humano! Agora, temos que provar à ciência que somos capazes de trazer nossos filhos ao mundo pelas próprias mãos. Mulheres conhecem o corpo de outras mulheres, por isso somos mais precisas na condução das sensações do corpo feminino. Homens não têm útero, não engravidam e não amamentam, logo, em meu entendimento como matriarca, os cuidados relativos à maternidade devem voltar a ser cada vez mais naturais e femininos. Precisamos debater a nossa forma de parir e retomar o direito de escolher, real e livremente, como queremos trazer nossas crias ao mundo.

Além do desafio de superar o susto do parto invasivo e atual, a maioria de nós tem que aprender a ser mãe sozinha, pois o sistema capitalista faz com que nossas mães, avós, tias e irmãs estejam trabalhando ou ocupadas com suas vidas. Por esse motivo, muitas mulheres ficam sem ninguém ao lado nesse momento de vulnerabilidade. É neste instante que experimentamos a solidão da maternidade pela primeira vez. Ficamos desesperadas, porque a realidade não se parece com as imagens da televisão e, menos ainda, com as fotos de mães felizes e plenas que circulam pelas redes.

O medo de errar e de não ser capaz de cuidar daquele ser tão pequeno é muito grande, ao mesmo tempo em que a cobrança cultural é gigantesca. Temos a obrigação de sermos boas mães, mas somos praticamente proibidas de falar sobre as dificuldades, as dores, os medos, as pressões e a sobrecarga que acompanham a experiência da maternidade. Afinal, a cultura patriarcal dita que nascemos para exercer a maternidade e que toda mulher tem essa função celestial a exercer na sociedade. *#sóquenão*

Maternidade

O terceiro desafio do exercício da maternidade é a amamentação. É inacreditável como a sociedade tornou essa prática uma tortura. Não nos avisaram que amamentar dói, e não nos instruem sobre todos os cuidados que devemos ter para evitar as dores. Ao mesmo tempo, somos bombardeadas com propagandas de marcas de leite industrializados, de mamadeiras maravilhosas, com crianças saudáveis e mães felizes, o que nos faz querer sair correndo e comprar todos esses produtos mágicos para nossos rebentos como um gesto de profundo amor, e esquecemos que o leite materno é o maior e melhor ato de amor que podemos e devemos oferecer a nossos(as) bebês.

Falando com sinceridade, mana, apesar de toda essa consciência, a amamentação pode ser um momento de tortura quando não temos o apoio umas das outras. Amamentei meus três filhos e sei, perfeitamente, o que é isso, mas asseguro a você que é possível tornar este momento prazeroso. Aconselhe-se com as mais velhas de sua família para ficar mais bem preparada. Vai doer, mas vai passar. E não se preocupe com a estética do peito após a amamentação, porque você pode fazer o que quiser depois — antes, também. Pode deixar como está, pode fazer musculação, pode colocar próteses, enfim, pode fazer o que você quiser, pois o corpo e o peito são seus. Só não se furte a esse prazer e não negue esse direito aos descendentes. É fantástica e super potente a capacidade de o corpo feminino gerar alimento para um(a) filho(a). É simplesmente incrível!

Precisamos entender, também, com muito carinho, todos os benefícios que a amamentação traz para a criança e para a recuperação de nosso corpo, lembrando que o leite industrializado foi inventado no século xix para atender à indústria capitalista. Certamente, os donos dessas indústrias são homens riquíssimos que pouco estão se importando com as questões maternais, além de estarem explorando as vacas de forma extremamente agressiva, submetendo-as a maus-tratos para permanecerem uma vida inteira produzindo leite por meio da aplicação de antibióticos por longos períodos para que as glândulas mamárias sejam estimuladas e continuem em atividade para suprir a espécie humana. Essa grande quantidade de agrotóxicos e antibióticos é transmitida às crianças em forma de veneno, e não sabemos quanto mal estamos causando a elas e a nós mesmas.

Dizer que a mulher não tem leite ou que o leite dela é fraco e insuficiente para saciar a criança são invenções contemporâneas que atendem a uma demanda comercial para comprarmos o leite industrializado. Como será que nossas mães ancestrais lidavam com a falta de leite humano quando não existia a indústria da alimentação infantil?

Precisamos entender melhor os ensinamentos do ecofeminismo sobre a necessidade de superarmos o sistema econômico capitalista, o maior inimigo dos direitos das mulheres, e a necessidade de enfrentarmos a cultura machista, que pune e prejudica todas as fêmeas da espécie humana e animal. Em todos os casos, são as fêmeas as mais prejudicadas e penalizadas para atender melhor à cultura patriarcal, como é o caso das vacas, éguas, gatas, cadelas etc.[1]

O quarto momento de solidão materna é a dolorosa volta ao trabalho. Nesse momento, as mulheres vivem mais um desespero solitário! O sistema patriarcal nos obriga a parir, mas não oferece, na estrutura estatal, condições mínimas para sermos mães e trabalhadoras. O capitalismo pune, principalmente, as mães pobres, que precisam trabalhar fora e exercer a maternidade integralmente, sem ter com quem deixar as crianças com dignidade e tranquilidade. No Brasil, as creches públicas não oferecem vagas suficientes nem estrutura física para um bom acolhimento e cuidado com as crianças. Os horários não atendem às necessidades da mãe trabalhadora, pois, além das longas horas do expediente, muitas ainda gastam um tempo enorme no trajeto de ida para o trabalho e volta para casa. Se a mãe sai do trabalho às 19h e a criança sai às 17h, quem se responsabilizará por buscá-la, por exemplo?

---

[1] Todas são mais exploradas, menos adotadas e mais abandonadas, justamente porque engravidam.

Maternidade

O projeto de lei que obrigaria o governo a oferecer creches com horário noturno, proposto pela querida Marielle Franco, no município do Rio de Janeiro, antes de seu assassinato, visa a atender essa demanda da mulher-mãe-trabalhadora que chega no período noturno em casa, a realidade da maioria das mulheres.

A situação tensa e delicada de não ter com quem deixar a criança para retornar ao trabalho — do qual a mulher não pode abrir mão para conseguir sustentar a própria criança — leva muitas mulheres a um estado de pânico e desespero que as adoece, provocando a famosa depressão pós-parto. As poucas que conseguem retornar vivem um profundo estresse, pois o corpo ainda está sendo restaurado da gestação e precisa enfrentar a rotina de trabalhadora recém-parida. É urgente pensar sobre a situação agravante de 40% das mulheres serem mães--solo e precisarem prover recursos sozinhas para sustentar a criança, o que só conseguem se tiverem uma creche decente para deixar o(a) filho(a). Ou seja, o sistema nos oprime, esmaga e enlouquece, pois nos responsabiliza, sozinhas, pelos cuidados com a criança e isenta o pai das mesmas responsabilidades.

É urgente a criação de políticas públicas que tirem a mãe pobre dessa gincana com os(as) filhos(as). O estresse vivido por elas nesse período é responsável pela perda da produtividade ao retornarem da licença-maternidade — das mulheres que têm acesso a esse direito —, pois estão em um estado de extrema tensão, sobrecarregadas com os cuidados com a criança, naturalmente, sem conseguir se concentrar o suficiente nas atividades laborais, pois ficam preocupadas com a criança. Esse é um dos principais motivos que levam à demissão das mulheres que retornam ao trabalho, enquanto o pai, que não se envolve na criação dos(as) filhos(as), não sofre qualquer penalização. Precisamos debater muito sobre isso!

O alto índice de demissão de mulheres quando retornam ao trabalho após a licença-maternidade reforça a necessidade da implementação de uma licença-parental, e não apenas maternal. Assim, o pai tiraria licença em um sistema de revezamento quinzenal ou semanal com a mãe para o cuidado com o nascituro, tendo ambos o desempenho profissional assegurado, e não apenas o macho, como tem sido ultimamente. Pais e mães são igualmente responsáveis pelos cuidados com as crianças.

O quinto maior desafio é a tensão durante o período escolar em relação aos cuidados com a saúde e o lazer da criança. Mães-solo e mães que cuidam sozinhas de seus filhos não conseguem tempo sequer para cuidar da própria saúde e lazer, mas são socialmente cobradas para dar conta de mais essa demanda dos filhos. Na maioria dos casos, temos de cuidar disso sozinhas ou com pouquíssima participação paterna. Essa sobrecarga nos leva à exaustão e faz com que muitas de nós passemos anos e anos de nossas vidas adiando o momento de nos cuidarmos e darmos atenção aos nossos projetos pessoais, profissionais, sexuais e afetivos. Enquanto isso, a vida do pai corre normalmente, sem nenhum dano causado pelo ingresso na paternidade.

Por último, mas não menos importante, vem a condição das mulheres que não têm o menor desejo de serem mães, mas são conduzidas à maternidade de forma quase compulsória por meio do estupro na rua ou pelo estupro marital, ou mesmo por não conseguirem dizer que não querem ser mães. Com os avanços da luta feminista, ganhamos a coragem para dizer que não somos obrigadas a ser mães. Sinceramente, seria bem melhor se esse tipo de homem idiota recebesse uma vasectomia compulsória como medida de saúde pública, uma vez que ele continua a engravidar mulheres compulsoriamente, sem se responsabilizar pelo sustento e pela criação das crianças. Poucos pagam pensão e pouquíssimos participam da educação dos filhos que fazem dentro e fora de casa.

Também precisamos ter a coragem de dizer que há mulheres que deveriam ser proibidas de ser mães por diferentes motivos, inclusive pelas violências geracionais que sofreram, colocando em risco a condição humana de elas exercerem a maternidade. É importante tratarmos deste assunto sem hipocrisia. Existem muitas mulheres

Maternidade

que precisam de colo de mãe, de tratamento psicológico e de terapias tradicionais para curarem suas dores; só depois disso, elas teriam equilíbrio suficiente para gerar uma vida. Lamentavelmente, ainda é bastante comum que meninas e moças acreditem que, ao se tornarem mães, terão todas as carências afetivas e existenciais supridas. Ledo engano! Poderão até viver breves momentos de êxtase maternal, e logo serão despertas para o exercício da prática maternal em uma sociedade patriarcal que penaliza a mulher de todas as formas possíveis.

Acho que a melhor forma de prevenirmos que a maternidade seja um calvário solitário e doloroso para muitas mulheres é, cada vez mais, explicarmos às jovens que ser mãe não é realizar um sonho de princesa, que não prende o homem — nunca prendeu — e que ela será a parte mais afetada da história; terá a vida comprometida e um trabalho imenso, abrirá mão de muitas coisas na vida, gastará uns 99% de seu tempo com os(as) filhos(as), ficará com a saúde física, emocional e energética inevitavelmente comprometida e, em caso de separação ou ausência paterna, ela sempre será a parte mais sobrecarregada.

Acho uma excelente contribuição também falarmos sobre os métodos contraceptivos e incentivarmos o uso do preservativo em todos os casos. A questão do aborto é muito complexa. Acho que é um direito das mulheres, mas também acho importante que elas conheçam todas as alternativas de prevenção para que evitem, ao máximo, passar pelo doloroso processo de decidir interromper uma gestação. A maioria das mulheres vai ao fundo do poço, e muitas nunca mais se recuperam de um aborto pelo qual, geralmente, passam sozinhas, já que o homem não é afetado, não terá seu corpo invadido por uma cirurgia, não precisará de repouso e tampouco lidará com o dano psicológico de ter um(a) filho(a) tirado(a) de dentro de seu corpo.

Com isso, quero dizer que nem toda mulher tem estrutura física, emocional e espiritual para lidar com um ato tão invasivo e violento como o aborto. Também precisamos debater sobre isso, sem hipocrisia.

Salve o matriarcado: manual da mulher búfala

Sou uma mulher preta, pobre, favelada e iniciei minha vida sexual aos 14 anos sem a orientação de qualquer familiar sobre métodos contraceptivos. Uma amiga da escola e muita leitura me ensinaram tudo o que eu precisava saber sobre o assunto. Quando minha primeira relação sexual ocorreu, eu tomava pílula anticoncepcional havia três meses. Por ser pobre, escolhi a pílula mais barata, que me encheu de efeitos colaterais, mas não me arrependo, pois fiz bastante sexo sem ter o desprazer de uma gravidez indesejada. Engravidei depois de 10 anos de prática sexual ativa e nunca abortei, até porque não teria estrutura espiritual e emocional para isso.

Como em 30 anos de vida sexual ativa nunca precisei abortar, penso que seja possível evitar a gravidez quando não queremos, principalmente quando nos relacionamos com homens que não merecem nos engravidar. Tenho plena consciência de que nenhum método contraceptivo é 100% eficaz, mas também sei que a prevenção é possível. Também tenho a lucidez de que esta responsabilidade é do homem e da mulher, mas, na prática, infelizmente, quem sofre as consequências negativas de uma gravidez indesejada é a mulher que, quase sempre, precisa abrir mão dos estudos, da carreira profissional, da vida sexual ativa, entre outros pontos. A gravidez não afeta o homem, que raramente forma uma família com a gestante e que se mantém em uma posição privilegiada, usufruindo de tudo que a mãe/mulher terá dificuldade de fazer — ainda que a avó ajude com a criança —, principalmente em se tratando de mulheres pobres e periféricas.

Por isso, insisto que precisamos debater a prevenção da gravidez por meio dos métodos contraceptivos tanto quanto falamos da violência contra mulher, porque a responsabilidade de criar uma criança sozinha é uma das primeiras violências que a mulher sofre quando se torna mãe-solo.

Após a terceira filha, decidi ligar as trompas, o que também me encheu de efeitos colaterais, mas também não me arrependo nem um pouco. Minha vida sexual, que já era muito bem resolvida, ficou mil

Maternidade

vezes melhor. É incrível a sensação de poder foder à vontade sem o medo de uma gravidez não planejada.

Essa é a minha trajetória como mulher e mãe. Cada mulher tem a sua, mas evitem sempre a hipocrisia. Amo ser mãe e amo fazer sexo. Conciliar as duas coisas dá muito trabalho, é preciso muito autoconhecimento e coragem para manter essas funções de forma plena em nossas vidas. Tem mulher que finge que não sente falta de sexo, e tem mulher que finge que gosta de ser mãe. Eu não finjo nada, faço tudo que quero e gosto, e acho um desafio imenso preservar a saúde sexual da mulher.

Prova disso são as dezenas de doenças não diagnosticadas nos exames clínicos que afetam muitas mães, como o mau-humor, a irritabilidade, o estresse, o sistema nervoso abalado, a insônia e a tristeza causados pela falta de sexo. Lute por seu prazer, ainda que tenha algum custo biológico em seu corpo. Em minha opinião, nada se compara a uma gravidez indesejada e um aborto traumático. Como matriarca, já socorri muitas mulheres emocional e espiritualmente destruídas depois de fazerem um aborto, e sei o estado deplorável em que ficam.

A discussão sobre o aborto, em minha opinião, é mais profunda que a constatação das desigualdades sociais de gênero que levam mulheres pobres às clínicas clandestinas — popularmente chamadas de "açougues" —, onde muitas morrem, enquanto mulheres ricas abortam e têm a saúde preservada, pois podem pagar bons médicos para o procedimento. É fundamental, também, falar sobre a saúde emocional das mulheres após o aborto.

Oferecer educação sexual às meninas e aos meninos dentro de casa e cobrar o cuidado com a prática sexual é o primeiro método preventivo que devemos doar às(aos) descendentes. Esta responsabilidade deve ser transmitida dentro de casa, assim como nossas mais velhas nos ensinavam, em família, como evitar a gravidez. Nós, mães de meninos, também temos de igualmente responsabilizá-los sobre gestações indesejadas e não deixarmos as manas sozinhas com esta responsa.

Enfim, se a pessoa não estiver preparada para lidar com essas responsabilidades em determinado momento da vida, a gravidez pode e deve ser evitada. Inclusive, a decisão de adiar o desejo de ser mãe é de cada mulher e, para isso, é importante não desenvolver uma neurose devido à pressão social de um suposto relógio-biológico que demarcaria determinado período de nossas vidas para uma gestação. A adoção, por exemplo, é um ato de amor profundo e pode nos levar ao exercício da maternidade nos melhores e mais bem preparados momentos de nossas vidas. Afinal, o êxtase da maternidade está no compromisso e na capacidade de doar amor a outro ser humano por toda a vida, e não na experiência biológica dos nove meses gestacionais apenas. Precisamos falar mais sobre adoção.

Resumindo: organizar-se para ser pai e mãe é a melhor forma de evitar os transtornos que podem consumi-la por toda a vida. A maternidade e a paternidade podem ser lindas, basta se programar para elas.

Outra questão-tabu que não envolve diretamente a maternidade, mas que está ligada a ela é o ciclo menstrual. As mulheres tribais tinham o ciclo menstrual completamente sintonizado com a lua. Com o passar dos anos, a contemporaneidade trouxe a ingestão excessiva de agrotóxicos e hormônios que consumimos por meio de alimentos industrializados. Isso alterou a regularidade de nosso ciclo e a forma natural que tínhamos de controlar a fecundação.

A sociedade atual nos ensinou a ter nojo e a esconder a menstruação. Este estigma é tão forte que as crianças já nascem sendo ensinadas a ter nojo e repulsa do sangue menstrual das mães e irmãs. Fizeram com que esquecêssemos que o sangue menstrual é vida não fecundada e que, portanto, trata-se de uma energia vital com uma potência gigantesca, é uma conexão com o universo — com as deusas e os deuses —, dentro do corpo feminino, através do ventre da vida. O sangue menstrual se tornou profano; deixou de ser sagrado, como sempre foi, desde o início dos tempos.

Ao jogarmos o nosso sangue no lixo, além de estamos ajudando a poluir o meio-ambiente, por meio do uso de absorventes descartá-

Maternidade

veis,[2] provocamos uma baixa energética dentro de nosso corpo e o comprometimento de nossa saúde física. Quando o depositamos em ambientes sujos, as larvas físicas e energéticas se alimentam de nossa energia vital. O sangue que sai de nosso ventre tem muito poder, o poder de gerar outro ser humano.

"Plantar a lua" significa devolver o sangue menstrual à natureza, e você pode colher o sangue com toalhinhas reutilizáveis, coletores menstruais ou deixar que ele desça diretamente na terra. Essa prática milenar é muito comum e ocorre de diversas formas em várias culturas existentes no mundo. Trata-se do hábito de devolver o sangue à Mãe Natureza: colher, misturar com água, ou não, e depositar nas plantas, nos rios e nos mares.

A restauração desse hábito traz um grande benefício à saúde ginecológica da mulher, que passa a ter menos doenças e intensifica sua relação com o corpo. O mais importante é que, ao sangrar a terra, o local que abriga o corpo de nossa linhagem maternal, invocamos as mães ancestrais e nos conectamos com elas, e isso nos traz uma força espiritual tremenda — ativa a sensibilidade, potencializa a intuição, protege o campo magnético e revitaliza o chacra básico.

O segredo é regar as plantas do jardim ou as de dentro de casa e, ao despejar o sangue na terra, dizer as seguintes palavrinhas mágicas:

Te devolvo, Mãe Natureza, o melhor que tu me deste!

Depois, é só aguardar e sentir os resultados. Para potencializar o resultado, olhe todos os dias para o céu, converse, absorva a energia solar e lunar e cultive plantas dentro de casa.

---

2   Os absorventes descartáveis são comportos de materiais sintéticos que levam, em média, 100 anos para se decompor, além de alguns liberarem toxinas no meio ambiente.

Mulheres negras

Para falarmos sobre violência de gênero e feminismo, é preciso pensar sobre a diversidade das mulheres que existem no planeta. O que hoje debatemos como pensamento feminista e direitos das mulheres teve início com a organização de um grupo de mulheres pertencentes a determinada camada social, que, mesmo estando sujeitas às discriminações de gênero, mantinham situações de privilégio em relação a outras, o que as impossibilitava, em um primeiro momento, de enxergar, dialogar e defender outros grupos de mulheres que estavam em uma posição histórica, étnica e econômica de extrema vulnerabilidade social, como as negras, africanas, indígenas, ciganas, árabes e asiáticas.

As trabalhadoras fabris da Europa, seguidas das feministas, que iniciaram esse debate no ambiente público no século XVIII, lutavam pelo direito a melhores salários, ao voto e a condições igualitárias de reconhecimento sobre os(as) filhos(as) e os bens. De fato, as desigualdades de gênero eram muito evidentes. No entanto, havia uma enorme diferença entre nós, mulheres negras, e as mulheres brancas. Enquanto elas lutavam para ter o direito ao trabalho e a uma melhor remuneração, nós já atuávamos como trabalhadoras escravizadas, havia mais de três séculos, obrigadas pelos familiares dessas mesmas mulheres.

Isso significa dizer que a nossa luta era por nossas vidas, pela liberdade, pelo direito de criar nossos(as) filhos(as), por um salário e pela nossa dignidade, algo bem diferente das pautas das mulheres que não eram escravizadas e tinham a oportunidade de trabalho, ainda que em péssimas condições e com baixos salários, mas que não estavam nas senzalas nem foram arrancadas de suas terras ou de suas famílias. O trabalho escravo, degradante e desumano, colocou as mulheres negras em condições ainda mais vulneráveis de exploração e de opressão em relação às outras.

A dificuldade inicial do movimento feminista branco de classe-média reconhecer essas diferenças fez com que a nossa luta fosse, por muito tempo, atrasada, pois não caminhamos juntas na mesma direção.

O recorte racial e de gênero estão interligados. Demoramos muito a entender estas especificidades que nos separavam devido à gravidade dos preconceitos que sofríamos, mas, não necessariamente, nos colocava como inimigas ou antagonistas nas lutas, como ocorreu, equivocadamente, por quase um século na América. Foi uma vitória do patriarcado que, por um longo período, se utilizou dos benefícios de nossa falta de sororidade. Mulheres brancas são discriminadas, mas mulheres negras e indígenas sofrem ainda mais preconceito, porque agregam a questão racial à condição de gênero, e isto precisa ser compreendido por todas as mulheres.

Muitas feministas eram racistas e, por isso, não conseguiam entender nossas pautas específicas, nem estar conosco por muito tempo. As poucas que queriam abraçar a luta não entendiam que as mulheres negras descendem de uma tradição matrilinear; então, lutamos por nossos direitos como povo, e não apenas como mulheres. Nossos homens negros também sofrem a violação do racismo de forma brutal, violenta e genocida, e isso nos afeta como povo.

Evidentemente, as mulheres negras representam o grupo que sofre maior número de violações, principalmente as violências de gênero, como feminicídio, estupro, pedofilia, homofobia, transfobia e lesbocidio. Em todos esses campos, somos o grupo mais atingido e assassinado. No entanto, as estatísticas nos fazem enxergar que nossos filhos, pais, irmãos e companheiros negros também são alvos fatais dos ataques racistas. No caso do Brasil, os jovens negros representam o grupo social que mais morre por homicídio em toda a pirâmide social — 75%, segundo o IBGE.[1] Somos as mães que choram essas mortes, e isso nos afeta diretamente. Por isso, nossa luta por sobrevivência, respeito e dignidade é uma luta do povo, ampla, em que buscamos melhores condições de vida para mulheres negras, homens, pessoas LGBTQIA+, crianças, deficientes e a população em situação de cárcere.

O genocídio provocado em larga escala pelo sistema econômico patriarcal europeu atendia a um único objetivo: a acumulação de capital. Utilizaram-se da invasão dos territórios africano e americano para enriquecerem ainda mais. Se apossaram de nossas terras ancestrais, nos expulsaram, escravizaram, estupraram e engravidaram compulsoriamente, destruíram as nossas famílias e nos traficaram em navios cujas viagens desumanas chegavam a durar três meses sem um mínimo de higiene, acomodação ou dignidade. Os que não sobreviveram foram arremessados ao mar e não tiveram sequer a dignidade de um enterro junto aos familiares.

Finda a viagem, éramos colocadas(os) em isolamento por quarenta dias para garantir que não transmitiríamos uma doença ou que iríamos morrer ao chegar aqui. Muitos de nós sofreram de banzo,[2] um tipo de depressão por termos sido arrancadas(os) da terra-mãe e por termos perdido o contato definitivo com a família, a cultura e a religião. Muitos morriam dessa tristeza e as(os) sobreviventes eram vendidas(os) na condição de escravizadas(os).

No Brasil, oficialmente, as escravizações duraram quase quatrocentos anos e, extraoficialmente, se estenderam por mais um longo período. Durante estes quatro séculos, o povo preto foi torturado, escravizado

---

1   Cf. PINTO, 2019.
2   Cf. PINTO, 2019.

Mulheres negras

com jornadas de até dezesseis horas por dia, estuprado, decapitado, mutilado e engravidado compulsoriamente.

Às mulheres negras, restava o trabalho braçal na lavoura ou na casa-grande, cuidando de todas as tarefas domésticas. Éramos cozinheiras, faxineiras, lavadeiras ou de amas de leite — e, para isso, precisávamos engravidar muitas vezes, consecutivamente, por meio do estupro. Como consequência desse longo processo de escravização, até os dias atuais, são esses os espaços de trabalho oferecidos para nós; precisamos de um esforço gigantesco para conseguirmos oportunidades e respeito para ocuparmos outras áreas profissionais, como a Engenharia, o Jornalismo, a Medicina, o Direito e tantas outras.

Nossa maternidade foi subutilizada pelo sistema patriarcal escravocrata. Os filhos que tínhamos com nossos parceiros nem sempre podiam ficar conosco e eram, muitas vezes, vendidos para outras fazendas. O estupro era cometido e incentivado pelos escravocratas que queriam aumentar a mão de obra escravizada. Consequentemente, o reconhecimento da paternidade não era obrigatório, e essa negligência perversa perdura até hoje como uma herança cultural. Exatamente por isso, a maternidade solo ainda é socialmente naturalizada e tão incidente entre mulheres negras que têm, inclusive, muito mais dificuldade de serem assumidas como mães, esposas e namoradas do que as mulheres não negras.

Muitos homens, inclusive negros, infelizmente, omitem ou não assumem publicamente relacionamentos com mulheres negras. Esse comportamento resulta do longo período em que as mulheres negras eram submetidas a relações forçadas, sob uma violência profunda. Essa sexualização compulsória do corpo feminino negro trouxe muitos danos à imagem da mulher que, durante muito tempo, foi retratada como aquela que só servia para o sexo, não para o casamento nem para ser apresentada no ambiente público.

É a partir desse isolamento racial e de gênero que derivam os estudos sobre a solidão da mulher negra, com uma forte constatação desse fenômeno nos países que viveram a diáspora (Brasil, Estados Unidos e países latinos). Até os dias atuais, os relacionamentos com as mulheres negras são dificilmente assumidos.

A autora Audre Lorde[3] desenvolveu um importante estudo sobre os relacionamentos homoafetivos entre mulheres negras como forma de solidariedade, carinho e proteção entre si. Outra questão que atravessa a mulher negra são os relacionamentos interraciais, a famosa "palmitagem", tema caro a todo povo preto e cuja importância política ainda demanda a construção e a expansão do debate.

Esse tipo de relacionamento demonstra a falta de compreensão com nosso autocuidado e com nossa preservação como povo, pois cada vez que nos relacionamos com pessoas que não entendem a dor decorrente da discriminação racial que sofremos desde a infância, reforçamos o racismo e o machismo contra as mulheres negras. O conceito de povo, dentro de uma estrutura matriarcal, não abrange homens que desonram as mães, ou seja, que reproduzem comportamentos desrespeitosos sofridos por suas mães pelas mãos de outro homem. Isso reforça nossa desestruturação enquanto etnia, e representa mais uma vitória da hegemonia branca sobre o povo preto.

O preterimento da mulher negra em relação à mulher branca é ainda mais perceptível e facilitado quando melhora a condição financeira do homem negro. Quanto maior a escolaridade e o poder aquisitivo do homem negro, maiores são as chances e os índices de relacionamentos interraciais, o que revela mais uma faceta do racismo estrutural, já que esses espaços são compostos majoritariamente por pessoas brancas. Essa situação provoca dor e demonstra total ausência de consciência racial por parte dos homens e, em alguns casos, das mulheres também.

O racismo que estrutura a nossa sociedade raramente possibilita que uma pessoa negra rompa a bolha social do crescimento econômico. Justamente por isso, a melhoria da condição de vida do homem ne-

---

3   Cf. LORDE, 2019.

Mulheres negras

gro que estabelece um relacionamento interracial não representa um avanço étnico, mas individual, pois não contribui para a emancipação do povo preto. Significa, por exemplo, que as mulheres da família que o criaram, educaram e transmitiram a ele os valores existenciais, possibilitando que ele avançasse economicamente, como mães, tias, avós e irmãs, não serão beneficiadas nesse processo, já que ele oferece sua melhor condição econômica a mulheres que de outra origem étnica.

A defesa dos relacionamentos raciais visa à restauração de nossa força, que foi interrompida e atravessada pelo branco europeu e invasor, de forma bruta e violenta, resultando na violação de nossos direitos humanos básicos e em nosso enfraquecimento enquanto povo. Nossos homens negros e nossas mulheres homoafetivas precisam compreender a importância do amor negro a partir do que enfrentaram nossas mães para serem reconhecidas, assumidas e amadas na condição de mulheres pretas. Logo, nosso fortalecimento passa, inexoravelmente, pela não reprodução de práticas racistas sofridas por nossas mães ancestrais, pois muitas delas foram preteridas no amor em decorrência da cor da pele delas.

Não estamos criminalizando pessoas negras por assumirem relacionamentos interraciais, mas é nosso dever refletir sobre a realidade e o impacto negativo nas estruturas genocidas usadas pelo racismo opressor que tem por finalidade nos enfraquecer, oprimir, explorar e destruir sistematicamente.

Sabemos que, historicamente, o povo preto sempre teve de abrir mão de muitas coisas para garantir sua sobrevivência, inclusive de amor, carinho, atenção e companheirismo. Então, quando uma pessoa negra ama uma pessoa branca e é reciprocamente amada, teria ela que, mais uma vez, abrir mão de sua felicidade? A resposta é não. Todas(os) têm o direito de amar e de ser amadas(os), o que não nos impede de pensar sobre a forma como o amor influencia a vida das pessoas negras e como o desamor fere e abaixa a autoestima de nosso grupo social. Se também sabemos que a solidão faz mal à alma negra, e que a garantia da felicidade e do bem-estar de cada pessoa preta é, sem dúvida, uma forma de combater o racismo, é preciso compreender a estrutura social que perpetua as desigualdades raciais para que possamos combatê-las de forma estruturalmente equivalente, em vez de apontar o dedo e culpar, individual e novamente, o corpo negro.

No entanto, é fundamental que façamos as seguintes reflexões: esta pessoa sempre repete o padrão de se relacionar apenas com pessoas não negras? É preciso considerar que a maioria dos relacionamentos tem início, tradicionalmente, a partir da convivência nos espaços socioeconômicos frequentados e disponíveis para cada pessoa. Nesse espaço, tem início a paquera, seguida da conversa, da verificação dos interesses em comum e das condições financeiras para definir os locais de encontro. Daí, é inevitável pensar: pessoas negras acessam, democraticamente, os mesmos espaços que as pessoas não negras? Todos os espaços são ocupados por pessoas negras na mesma proporção que as brancas? A estética da beleza negra atrai pessoas igualmente negras? Pessoas sentem vergonha por estarem acompanhadas de uma pessoa negra em um ambiente público? No caso da solidão, será que as pessoas são realmente rejeitadas por muitas outras de sua própria etnia? A condição financeira permite estar em ambientes que o povo preto consegue acessar e consumir? E, por último, a pessoa branca com quem você formou par está preparada para ser pai ou mãe de um filho negro?

São perguntas fortes, com respostas difíceis, porém necessárias. É urgente que as pessoas brancas adquiram consciência racial, mas ainda há um longo caminho a se percorrer para isso. Entendemos que o número de relacionamentos afrocentrados não vai aumentar enquanto as estruturas sociais não se transformarem. Também sabemos que à medida que adquirimos mais consciência racial, menos atração sentimos por pessoas que não têm a mesma memória de dor e luta que nós temos desde a infância.

Sabemos, também, que existem pessoas brancas que são pais e mães de filhos(as) negros(as) e que, enquanto os(as) educam, educam

Mulheres negras

a si mesmas com intensa consciência racial. Assim como também sabemos que as pessoas têm total direito de se relacionar com quem desejarem, mas os homens negros que se tornaram fortes só o conseguiram porque foram educados e alicerçados por mulheres negras igualmente fortes — sejam elas mães, avós, tias ou irmãs — e serão as mulheres que se parecem com elas as desprezadas e preteridas como namoradas, esposas ou companheiras em favor da mulher branca. O racismo e o machismo são violências muito cruéis que enfrentaremos por toda a vida, mas podemos fazer isso de forma menos dolorosa quando estamos ao lado de nossas(os) iguais.

Outra questão que nos atravessa é o colorismo, que consiste, basicamente, na diferença de tons de pele negra que existem, principalmente, nos países da diáspora como decorrência da miscigenação compulsória ocorrida no período escravocrata por meio do estupro. Esse ato violento fez com que nosso sangue fosse atravessado pelos genes do branco escravizador, resultando em diferentes tons de negritude nos afro-brasileiros, afro-americanos e afro-latinos — a amefricanidade.[4] Significa dizer que os diversos tons de negritude estabelecem vários graus de preconceito. Simplificando: quanto mais fortes os traços negroides e o tom da pele, mais preconceito sofremos.

Então, uma pessoa que adquire consciência racial e se descobre negra, mas tem o tom da pele mais claro, precisa entender que o seu histórico de preconceito é menor que o da irmã e do irmão mais retinto. Assim será em todas as situações na vida. Crianças negras recebem menos afeto das professoras e são menos incluídas nas brincadeiras, o que revela preconceito na vida escolar infantil. Temos menos oportunidades de emprego, somos menos escolhidas nas paqueras e sofremos mais violências na rua e dentro de casa. Sofremos mais violência obs-

---

4 "A amefricanidade se refere à experiência comum de mulheres e homens negros na diáspora e à experiência de mulheres e homens indígenas contra a dominação colonial. Por isso, afirma Lélia Gonzalez, 'floresceu e se estruturou no decorrer dos séculos que marcaram a nossa presença no continente'." (CARDOSO, 2014, p. 971)

tétrica, pois as mulheres negras recebem tratamento discriminatório nas maternidades públicas e privadas, com menos doses de anestesia e mais hostilização, sendo menos tocadas que as pacientes brancas.

Então, conscientizar-se sobre a própria negritude também significa entender que o racismo que recebemos é proporcional ao tom de pele que temos, ou seja, quanto mais escura for a pele, mais preconceito sofremos; quanto mais clara, mais socialmente aceitas seremos. Por isso, as manas de pele mais clara têm que entender como o racismo é ainda mais destrutivo com nossas irmãs de pele mais preta. É importante demonstrar compreensão com o lugar de fala delas e não usar o colorismo como uma forma de aumentar a dor da irmã, tendo cuidado e respeito ao se posicionar nos espaços privados e públicos, como alguém que tem esta compreensão ancestral.

Todas estas especificidades sobre nós, mulheres negras brasileiras, chamam atenção para as especificidades das mulheres indígenas, africanas, árabes, asiáticas, ciganas, islâmicas, afrorreligiosas e cristãs, pois sabemos que todas temos questões étnicas, históricas e religiosas que devem ser observadas nas lutas feministas em cada região do planeta.

Toda forma de amor é divina, mas o amor preto cura!

Mulheres negras

Cenário político para mulheres

O cenário político para as mulheres não está nada fácil ultimamente, mas já foi pior. Sempre precisamos nos lembrar do que foi vivido por nossas mães ancestrais e projetar melhor o futuro, olhando com mais cuidado para o passado recente e para o passado longínquo.

Pense como era o cenário de violência contra a mulher quando você era criança. Como era esse cenário para a sua avó? E para a sua tataravó? Sempre que nos sentirmos desanimadas, devemos nos lembrar de que já houve muitos avanços, de que muitas de nós morreram na luta pela liberdade e pelos direitos que temos hoje. A resistência heroica destas mulheres não pode ser esquecida e precisa ser falada — Dandara, Tereza de Benguela, Carolina de Jesus, Lélia Gonzalez, Angela Davis, Mãe Beata de Yemonjá, Mãe Marcia d'Obaluayê, entre outras. No meu caso, minha tataravó foi escravizada e toda a minha linhagem ancestral materna foi morta de maneira direta ou indireta pelo racismo e pelo sexismo, culminando no feminicídio de minha mãe quando eu tinha dez anos e meu irmão, apenas três anos. Permanecemos com o corpo dela dentro de casa por três dias seguidos, até sermos socorridos por vizinhos, familiares, a imprensa e a polícia.

Há 34 anos, esse homicídio cometido por meu padrasto era tipificado como crime passional, ou seja, um crime motivado por amor ou paixão. A lei compreendia que ele a amava tanto, que até a matou, porque ela o tirou do sério e ele não conseguiu lidar com a dor e aceitar a separação. Um verdadeiro absurdo patriarcal sustentado pela legislação constitucional de vários países.

Apenas em 2015, a legislação brasileira reconheceu o crime de feminicídio (Lei nº 13.104/2015) — assassinato de mulheres por homens pelo simples fato de serem mulheres —, como um desdobramento positivo da também tardia Lei Maria da Penha (Lei nº 11.340/2006), que classificou como crime a agressão de mulheres por homens. Em seguida, tivemos a lei que estabelece a pensão gravídica (Lei nº 11.804/2008) e a recente lei que obriga o homem que se recusa a fazer o teste de paternidade a ser reconhecido automaticamente como pai (Lei nº 12.004/2009).

Todas essas leis foram criadas há menos de vinte anos, o que me traz muitas esperanças em relação aos avanços que podemos alcançar, com muita luta, é claro, nas próximas décadas. Como vítima de um feminicídio, permito a mim mesma ser uma criança revolucionária com a esperança de que outras crianças não passem pelo dissabor de ver a mãe ser morta dentro de casa, como eu vi, pois hoje as mulheres têm um pouco mais de condições de denunciar e, consequentemente, evitar mais órfãos da violência de gênero. Por isso, preferi lutar em vez de simplesmente me revoltar, reclamar ou silenciar.

Para termos um pouco mais de fôlego e esperança, observemos o que a Sociologia nos ensina sobre o comportamento social coletivo. A Antropologia e as Ciências Sociais explicam que é possível sentir a transformação de um comportamento cultural no período de dez a cinquenta anos. Isto significa que comportamentos bárbaros e radicais da sociedade humana levaram esse tempo para se transformarem, como aplicar a pena de morte a um indivíduo pelo furto de uma galinha.

Outro bom exemplo é o uso do cigarro. Há vinte anos, era quase impossível pensarmos que as pessoas reduziriam radicalmente o consumo de tabaco e que, inclusive, respeitariam as proibições de consumo em determinados ambientes públicos. A criação de leis que restringem os locais públicos onde fumar é permitido garante o direito das pessoas que não são obrigadas a se exporem aos males provocados pelo cigarro e naturalizados pela sociedade. Hoje, pode ser constrangedor acender um cigarro, mesmo em um ambiente permitido por lei. Outro bom exemplo é a Lei Seca, que restringe a quantidade de álcool que pode ser ingerida pelo motorista na condução de um veículo e aplica multas aos infratores(as), além de estabelecer um agravante nos acidentes de trânsito. Quem poderia imaginar que em apenas quinze anos já poderíamos perceber a diminuição do número de acidentes, com e sem mortes, envolvendo motoristas embriagados. Isso mostra como, de fato, as leis são transformadoras do comportamento das pessoas. Esse é mais um longo processo que faz parte de um projeto educativo que pretende regular os comportamentos sociais, que visam ao bem-comum social e que, por isso, ainda está em curso.

Outro exemplo são os tantos anos em que não pudemos falar que a sociedade brasileira era racista, homofóbica e que discriminava pessoas com necessidades especiais ou portadoras de deficiência. Durante séculos, essa população foi invisibilizada, silenciada e só recentemente os seus direitos começaram a ser reconhecidos e debatidos de forma mais ampla pela sociedade. Hoje, todas essas questões ganharam mais espaço e visibilidade devido à pressão social, principalmente por meio dos movimentos sociais e culturais de resistência, nos quais se inclui o movimento negro educador, conceituado por Nilma Lino Gomes (2017), dado seu caráter pedagógico e transformador.

Porém, é preciso entender que esse processo compreende, necessariamente, a construção de políticas públicas, pois apenas por intermédio delas poderemos modificar as estruturas que sustentam todas essas opressões. Historicamente, quando um comportamento deixa de ser tolerado por uma parte da sociedade, os grupos começam a se organizar em forma de movimentos sociais, civis e políticos para aprofun-

Cenário político para mulheres

dar os debates e pensar, coletivamente, estratégias que provoquem as mudanças daquele costume na sociedade, pois essa é a essência de um sistema democrático. Como exemplos, temos os movimentos abolicionista, antinazista, ambiental, entre outros.

Quando essas organizações começam a fazer barulho na sociedade e causam ecos na mídia — apesar da apropriação midiática das pautas —, as universidades começam a se interessar pelo tema, a desenvolver projetos de pesquisa para evidenciar, por meio da ciência, que aquela reivindicação afeta a harmonia social como um todo em decorrência do impacto negativo nos grupos minoritários — ou não. A posição de vulnerabilidade dessas pessoas dentro da sociedade faz com que necessitem de amparo legal e de políticas públicas para sua defesa e sobrevivência, que as protejam e lhes permitam viver em condição de igualdade com os demais grupos privilegiados. Somente então, as autoridades políticas acatarão a demanda social e desenvolverão projetos de lei que assegurem os direitos delas.

Dentro das rédeas do Estado, criado pelo sistema capitalista para nos controlar, esse é o caminho para a construção de políticas públicas que tenham a finalidade de provocar mudanças de comportamentos bárbaros e violentos.

Foi esse o caminho percorrido por nós mulheres desde o início do movimento feminista, assim como pelas abolicionistas, pelos familiares de vítimas de câncer provocado pelo uso do cigarro e de morte por acidente de carro por embriaguez, pelas pessoas portadoras de necessidades especiais, pelas mães de crianças e adolescentes negras e negros mortos pela violência cotidiana nas comunidades, entre outras aberrações sociais banalizadas por muito tempo.

Todos esses processos foram iniciados por meio de pessoas que pararam de reclamar e reuniram forças coletivas para lutar contra as injustiças que sofriam. Assim foi e deve continuar sendo o movimento das mulheres. O segredo do sucesso é expandir a consciência feminina, alertando as mulheres sobre a forma violenta como somos tratadas pelo patriarcado, compreendendo que vivemos ainda práticas e costumes construídos e socialmente impostos. Desnaturalizar as situações que visam a nos deixar em condições de submissão é fundamental para interrompermos o ciclo de domesticação feminina que mantém, até hoje, o homem em uma posição plena de privilégios. Somos 56% da população mundial e 52% da população brasileira,[1] portanto, não somos minoria. Então, por que ainda padecemos sendo vítimas de tanta violência e violação de nossos direitos? A resposta é simples. Muitas de nós ainda dormem o sono da Bela Adormecida à espera do príncipe encantado para lhes fazer feliz — tardiamente, na maior parte das vezes, descobrirão que não serão tão felizes assim. Essas irmãs precisam ser acordadas por nosso chamado e entender que não dependemos de homem para sermos felizes. Existem milhares de formas da felicidade, independentemente de estarmos nos relacionando com homens ou mulheres ou estarmos solteiras, basta que sejamos respeitadas em nossa liberdade e vontades pessoais.

A maior e melhor contribuição que podemos dar à luta das mulheres para que, efetivamente, os homens aprendam a nos respeitar e parem de nos bater, matar, estuprar, domesticar, escravizar e torturar e parem de praticar a pedofilia contra nossas crianças, o lesbicídio e a transfobia, é ampliar o exército de feministas, para que nossa teia de sororidade e dororidade volte a ser forte e para que possamos nos acolher, proteger e revolucionar o *status quo*.

Por fim, mas não menos importante, precisamos entender que no "Estado Leviatã",[2] as transformações culturais passam, inevitavelmente, por cenários políticos. É o parlamento que decide, efetivamente, quantas mulheres continuarão a morrer de pobreza ou por outro tipo de violência. É nesse lugar que eles decidem o que fazer com o dinheiro público. Então, pense comigo, mana: quantos ho-

---

1   Segundo dados da Pesquisa Nacional por Amostra de Domicílios (PNAD) Contínua de 2019.
2   O Estado como soberano absoluto e com poder sobre seus súditos,
      que o autorizam por meio de um pacto social.

Cenário político para mulheres

mens e quantas mulheres compõem o parlamento de seu país, cidade e estado?

No caso do Brasil, segundo relatório da Câmara dos Deputados (2019), a composição demográfica do parlamento brasileiro é de 85% de homens brancos (75%), com o perfil de idade entre 51 e 60 anos (28%), profissão empresário (21%) e orientação sexual heteronormativa. Ou seja, somos uma maioria de mulheres governadas por uma minoria de homens eleitos por mulheres para o parlamento.

Observemos o caso da Lei do Feminicídio (Lei nº 13.104/2015): por que levamos tantos anos para aprová-la? A resposta é simples: porque os homens que nos governam não são afetados pelo crime. Eles também não são vítimas de crimes como estupro e pedofilia e são, portanto, indiferentes à sua reincidência. Pelo mesmo motivo, não acham importante ampliar o número de unidades de delegacias para mulheres, pois, no fim das contas, iremos até lá para apresentar denúncias contra eles mesmos, e isto é exatamente o que eles não querem, entende, mana?

Então, a solução a curto, médio e longo prazo é, indiscutivelmente, elegermos mais mulheres para todos os quadros parlamentares e executivos. Somente um parlamento mais feminino vai se preocupar em construir políticas que defendam e protejam a mulher, como a oferta de creches noturnas, a ampliação da Delegacia de Atendimento à Mulher (DEAM) e de casas de apoio e abrigo para mulheres vítimas de violência e ex-presidiárias, a criação de uma licença-parental em vez da licença-maternidade para cuidados com o nascituro, entre tantas questões que só serão plenamente defendidas por mulheres, dando mais e melhor atenção à saúde pública, ao meio ambiente e à educação.

A maioria dos homens está, em grande parte do tempo, preocupada com os interesses pessoais, materialistas e sexuais. O equilíbrio planetário não importa para eles, porque não são afetados pelas desigualdades que o sistema capitalista provoca, pois são, simplesmente, blindados por seus privilégios patriarcais.

Um exemplo para refletirmos bastante são os fenômenos criados pelo sistema capitalista, como a feminização da pobreza e a criminalização de gênero e LGBTQIA+. Ambos os fenômenos foram gerados pelos processos históricos descritos anteriormente e que praticamente expulsaram as mulheres do mercado de trabalho, gerando dificuldade de ingresso e de permanência para elas, em decorrência da sobrecarga solitária com as tarefas domésticas, além do abandono paterno na educação e na criação dos filhos. Tudo isso tem contribuído para manter milhares de mulheres desempregadas, ainda que sejam, muitas vezes, as únicas responsáveis pelo sustento da família inteira, na qual se incluem as crianças, as avós e os avôs. De acordo com a ONU Mulheres, atualmente, essas famílias monoparentais somam 40% no mundo; além disso, do total de pessoas em situação de miséria e extrema pobreza, 60% são mulheres. Significa dizer que os homens no parlamento e os empresários donos de capital que operam a política mundial, nunca terão a preocupação com o enfrentamento à pobreza e à má distribuição de renda, simplesmente porque são menos afetados por elas.

O segundo fenômeno é a criminalização de gênero e LGBTQIA+. Esse é um assunto pouco estudado, debatido e enfrentado no Brasil e no mundo. De acordo com a ONU Mulheres, o aumento da feminização da pobreza desenvolveu um efeito cascata no aumento do número de mulheres envolvidas em crimes, como o tráfico de drogas e o estelionato. As estatísticas mundiais demonstram que a população carcerária feminina aumentou vertiginosamente nas últimas décadas. Esse crescimento é diretamente proporcional ao número de mulheres desempregadas e sem expectativa de trabalho por não terem com quem deixar os(as) filhos(as) e as(os) avós(ôs) para cumprir um expediente fora de casa. A homossexualidade e a transexualidade são outros fatores que excluem as mulheres do mercado de trabalho sexista e heteronormativo que elege o padrão estético socialmente aceito, no qual não se incluem mulheres consideradas masculinizadas e, menos

Cenário político para mulheres

ainda, se forem negras. Esses fatores contribuem fortemente para a maior permanência das mulheres e homens trans desempregas(os) por longos períodos, arrastadas(os) quase que compulsoriamente para atividades criminais a fim de sobreviverem em um sistema econômico capitalista que exclui para, em seguida, criminalizar.

Realizo trabalho de assistência afrorreligiosa voluntária no sistema prisional há dezesseis anos, sendo os treze últimos dirigidos às mulheres. Atualmente, atendo a duas unidades, a Penitenciária Talavera Bruce e o Instituto Penal Santo Expedito. O Brasil tem hoje a quarta maior população carcerária feminina do mundo e, de acordo com a antropóloga Juliana Borges (2019), houve um aumento desse índice em 500% nos últimos dez anos, sendo 62% o percentual de mulheres negras.

A realidade das favelas brasileiras para mulheres pobres, mães solteiras, homoafetivas e transsexuais não é nada fácil. Cada vez mais, o sistema patriarcal, também presente na estrutura do tráfico de drogas, aproveita-se da vulnerabilidade econômica dessas pessoas e as absorve em seu sistema de oferta de remuneração ilegal. O que as mulheres e os homens trans não percebem é que são inseridas(os) nessas organizações criminosas para serem habilmente postas(os) em posição de maior evidência e risco, desempenhando funções que as(os) tornam alvos mais fáceis da captura policial e das balas durante as trocas de tiro com facções rivais e policiais.

Além do fato de, geralmente, corrermos de forma menos veloz que o corpo biológico masculino, há uma questão pouco percebida: o corpo biológico feminino sangra todo mês. Todas as pessoas que menstruam sabem que nosso organismo funciona de forma diferente nesse período, o que, consequentemente, nos deixa menos aptas às corridas normais, sendo mais difíceis ainda em situações de fuga. Significa dizer que, em situações de troca de tiro e de captura policial, seremos alvos muito mais vulneráveis que o corpo que não menstrua.

Fiquei extremamente surpresa quando ouvi inúmeros relatos de mulheres e homens trans que foram presos justamente no período mens-

Salve o matriarcado: manual da mulher búfala

trual, o que evidencia mais uma questão de gênero sendo explorada pelo sistema econômico criminoso patriarcal. Precisamos falar sobre isso!

Por ora, entendo que temos duas ferramentas potentes e instantâneas para avançarmos na luta pelos direitos das mulheres:

1. Formar cada vez mais mulheres feministas.
   a) Presentear-se e presentear as mulheres de sua família e amigas com livros feministas — como este e como os de outras milhares de autoras maravilhosas que têm contribuído à expansão da causa feminista. *#leiamulheres #leiamulheresnegras*
   b) Presentear as amigas, que gostam, é claro, com consolos e vibradores, massagens terapêuticas, *spas* espirituais, e garotas ou garotos profissionais do sexo; convidá-las para ouvir música, sair, dançar, viajar, bater papo, ficar com os filhos delas por uma noite, tomar um vinho ou um chope com elas quando possível, etc. Lembre-se de sempre criar estas possibilidades, pois elas não nos são oferecidas pelo sistema patriarcal. *#ficaadica*
2. Aumentar e qualificar, tecnicamente, o número de mulheres e pessoas LGBTQIA+ candidatas a mandatos políticos.
   a) Eleger cada vez mais mulheres e pessoas LGBTQIA+ para os cargos de vereadoras, deputadas, senadoras, prefeitas, governadoras e presidentas para darmos um golpe central na estrutura patriarcal. *#mulhervotaemmulher*

Quando começar a agir desta forma, você terá iniciado a sua contribuição à causa das mulheres no mundo. *#revoluçãofeministajá*

Cenário político para mulheres

Manual prático da mulher atual e feliz

Não existe um manual da felicidade, tampouco uma receita mágica que nos torne pessoas felizes, mas existem diversas atitudes, ações e iniciativas que podem nos tornar mais felizes a cada dia. Como falei inicialmente, há uma falsa impressão de liberdade somada ao acúmulo de direitos conquistados por nós, mulheres, que deveriam nos fazer bem, mas que, no entanto, não têm colaborado como deveriam para nos trazer as realizações que tanto desejamos.

Muitas mulheres reagem às opressões sofridas pela violência do sistema patriarcal de forma tola —por falta de amparo —, o que as leva a aumentar ainda mais a dor e o trauma. Afirmo aqui o que é constatado pelos tristes índices, cada vez mais altos, de mulheres que sofrem de depressão, insônia, crises nervosas, baixa autoestima, insegurança, ciúme, possessividade e dependência de álcool e de drogas. Sem mencionar as que ainda não conseguiram romper o ciclo da violência em seus relacionamentos e são vitimadas por todos os abusos causados pelo machismo.

Pensando em minha trajetória de vida como vítima de feminicídio materno, mais as experiências acumuladas em meus 22 anos no exercício sacerdotal matriarcal afrorreligioso dentro do terreiro de Umbanda Casa do Perdão[1] e os treze anos de atendimento às mulheres do sistema penitenciário feminino da cidade do Rio de Janeiro, e a experiência como mãe de três filhos biológicos e mais de oitenta espirituais, mulher, esposa, amante, revolucionária, favelada, filha de traficante, escritora, piranha aposentada — se houver a necessidade, voltamos à ativa —, socióloga, filha de Oyá, umbandista, candomblecista, política e nem um pouco recatada ou do lar, reuni estes escritos como uma tentativa de oferecer minha contribuição — em forma de bala de canhão — para a luta das mulheres no Brasil e, quem sabe, no mundo.

Como nos ensina a escritora Conceição Evaristo, muitas de nós, mulheres negras, não escrevemos livros com base apenas em teorias distantes de nossa realidade. A vida difícil que levamos e o pouquíssimo tempo que temos para nos dedicar a esse ofício faz com que realizemos a arte da escrevivência, ou seja, escrevemos sobre o que lemos, pesquisamos, estudamos, mas principalmente sobre o que vivenciamos. Nosso olhar não vem dos pedestais da cidade, mas da periferia, do transporte público, das escolas públicas e dos hospitais públicos. Não temos o privilégio de poder escolher a escrita como ofício — embora sonhássemos com isso desde a infância —, fomos nos tornando escritoras quando a vida possibilitou. E, talvez por isso, nossa escrita se comunique com nossas iguais, com as trabalhadoras de nossa cidade, com mais facilidade, pois é difícil se identificar com aquilo que não vivenciamos.

Meu histórico é de uma menina/mulher que começou a beijar na boca aos doze anos e namorou muito — muito mesmo. Foi e é muito feliz, mas que, como todo ser humano, vive momentos de altos e baixos. Tenho orgulho de ser muito bem-resolvida, de me amar intensamente, de ter trinta anos de vida sexual ativa e de ser feliz comigo

[1] Templo de Umbanda fundado em 1999 no Rio de Janeiro (RJ).

mesma, com as centenas de homens que tive e com o reduzido número de mulheres com quem me relacionei ao longo de meus 45 anos de existência terrena. Tive a felicidade, ao longo desta curta vida, de amar loucamente e de ser amada loucamente por homens que são seres humanos incríveis, mas também me relacionei com canalhas. Fui ferida, magoada e destruída, mas amada, realizada e enaltecida.

Aos 23 anos, fui abandonada durante a gravidez de minha primeira filha, o que me levou à dolorosa experiência de ser mãe-solo por dez anos. Vivi, superei e aprendi. Aos trinta, me permiti casar e vivi a experiência de um casamento tradicional por catorze anos, cheio de altos e baixos. A chegada de mais um filho e de uma filha inundou minha vida com mais alegria, sentido, felicidade e amor. No entanto, dentro da sociedade patriarcal capitalista, não é nada fácil manter uma família negra e periférica e, sem fugir à regra, o casamento foi regado a dificuldades financeiras, excesso de micromachismos, monogamia — da minha parte, por dez anos —, relações extraconjugais, ofensas, mágoas, ressentimentos, vingança, apunhalamentos, separações, idas e vindas, brigas, dependência emocional, mentiras, decepções, desilusões, culminando em vexames e escândalos.

A rotina de um casamento, principalmente com filhos, é algo muito difícil de se administrar, sobretudo quando não temos mãe, sogra, avós, irmãs ou tias para nos auxiliarem, corrigirem e aconselharem, como no meu caso. Nos últimos quatro anos, bastante cansada das opressões machistas, me permiti ser mais livre; voltei a dar atenção a mim mesma e, ao ser menos submissa, o casamento foi caindo em um abismo difícil de ser descrito. Vivi aquele velho conflito de evitar a separação por causa dos filhos, além de uma dependência emocional dificílima de ser aceita, tratada e rompida, ou seja, um casamento destruído, mas que, inexplicavelmente, não se dissolvia. Aquela sensação de tudo ter sido em vão... uma dificuldade imensa de aceitar que o patriarcado tinha me vencido e desestruturado toda a minha família.

Manual prático da mulher atual e feliz

Os últimos anos foram difíceis de superar e me causaram muita dor, fortes demais até para uma mulher desconstruída como eu. Precisei de muita ajuda e a busquei. Primeiro, como mulher religiosa, invoquei força junto às minhas ancestrais, pedindo que me ajudassem a entender, parar de sangrar e superar tudo aquilo que estava acontecendo em minha vida, pois eu não compreendia como uma mulher tão forte estava com tanta dificuldade de se separar e de reorganizar a vida.

Precisei voltar para a terapia, atualizar meu mapa astral, tomar florais e homeopatia, usar óleos terapêuticos, abrir o tarô, ouvir minha ialorixá, Mãe Marcia d'Obaluayê, dormir aos pés de Oyá, escrever este livro, ler muito sobre feminismo, viajar, namorar bastante, dançar, estar na natureza, rezar e meditar muito — muito mesmo, diariamente e várias vezes ao dia.

Como podem perceber, foi um combo de socorro para resgatar uma mulher forte — como eu me considero — do abismo em que o patriarcado me jogou. Imagina como fica uma mana mais frágil, com menos estrutura emocional e espiritual, diante das inúmeras pancadas que leva ao longo dos relacionamentos por toda a vida.

O saldo positivo é que superei, e estou mais forte do que nunca. O que achei engraçado é que este livro era um projeto antigo em minha vida. Sempre falei que um dia o escreveria para ajudar outras mulheres. Inclusive, com o objetivo de acumular insumos para o livro, criei, há quatro anos, um grupo de Whatsapp com minhas filhas de orixá, que tem o mesmo nome do livro, para que pudéssemos fazer trocas saudáveis sobre as questões ligadas ao feminismo e aos direitos das mulheres. Todavia, achei curioso só escrevê-lo agora, simultaneamente à minha crise frontal com o sistema patriarcal, com a família que lutei tanto para construir sendo esfacelada, justamente no momento em que estava na merda como mulher e quando muitas de minhas questões mulheristas pareciam não fazer mais sentido.

Somente agora, ao escrevê-lo, entendi que, de todos os remédios e toda a ajuda que busquei para me curar, e que ainda estou buscando, gestar e parir este livro foi o melhor presente que eu poderia ter me dado.

Este processo me revirou de cabeça para baixo. Fui ao limite de minha dor e, assim como as búfalas, as fênix, as corujas, as serpentes, as lobas, as rosas e as flores, que são símbolos de minha mãe Oyá, e todas as egbés, iamis, iabás e mães ancestrais, indígenas e africanas, eu descamei a pele velha e renovei minhas forças, de dentro para fora, de tal forma que voltei desse mergulho 21 vezes mais forte, iluminada, lúcida e me amando ainda mais. Sou uma mulher "oxosseana"[2] e meu ego é, realmente, do tamanho do mundo, mas redescobri, mais uma vez, que tudo é superável e substituível. Reaprendi que a dor é o caminho necessário para rever nossos valores, força, sabedoria e destino, e que reescrever nossos sonhos, às vezes, é necessário. Não devemos temer essa reprogramação.

Assustei-me quando me vi sangrando, agindo por instinto, demorei a recolher os pedaços de mim que estavam no chão, mas consegui e fiz uma ótima colcha de retalhos de mim mesma, tão bonita que dá gosto de exibir. Acredite, este livro é só um pedaço dela. Retomei de forma mais consciente as complexidades de minha personalidade extremamente difícil, ciente de que já feri, magoei e provoquei muitas dores e ressentimentos em inúmeras pessoas ao longo da vida, às quais peço perdão, mais uma vez, por isso.

Aprendi também que a dor é minha, que ninguém é capaz de cuidar dela por mim. Por isso, precisei reagir e decidir se queria superá-la ou não. Quase não tive acolhimento e sororidade por parte das mulheres que me cercam. O fato de ser uma pessoa pública fez com que as pessoas se interessassem mais em especular minha vida e me criticar do que se colocar em meu lugar como mulher e me ajudar. Logo eu, que ajudo tantas pessoas. Isso foi muito doloroso, mas passou. Recebi muito mais críticas e julgamentos de pessoas que me perguntavam se eu continuaria casada

2   Filha de Oxóssi.

Manual prático da mulher atual e feliz

do que palavras de acolhimento, ofertas de ajuda ou de um abraço, por exemplo. O curioso é que as pessoas que me aconselhavam a me separar não me perguntavam como eu educaria meus filhos, se teria estrutura emocional, patrimonial e psicológica para voltar a ser mãe solteira, mas desta vez de três crianças. Em vez de me sentir ferida com elas, entendi o quanto preciso contribuir para a formação feminista de mais mulheres, para que não se comportem dessa forma com outras pessoas.

Consumir a literatura feminista e a biografia de mulheres públicas com casos de relacionamentos extraconjugais que também se tornaram escândalo, como Beyoncé e Hillary Clinton, foi muito importante. É lógico que a minha imagem pública é bem pequena, mas, ainda assim, foi importante para perceber que, quando algo de nossa vida se torna um escândalo, os acontecimentos são tratados como fofoca, o que mostra que precisamos avançar muito na construção de redes de apoio às mulheres e às famílias. A dor era minha e a cicatriz também. Resolvi torná-la bem resiliente e segui adiante, afinal, a vida não para, e eu vim ao mundo para ser feliz. A tristeza sempre teve um prazo de validade bem curto em minha vida.

Se, porventura, você está passando, já passou ou vier a passar por isso um dia, busque forças em todos os lugares que puder e conseguir, mas se não encontrar colo, carinho, orientação ou proteção, não desanime, você não está só. Busque mulheres mais experientes e mais sábias, que conheçam a sua dor, pois elas terão bons conselhos para ofertar. Em hipótese alguma, ouça pessoas sem experiência de vida. Quem nunca viveu, não aprendeu, não pode ensinar nem aconselhar!

Segui adiante e me redescobri cada dia mais feliz comigo mesma, com mais tesão em mim do que nunca e uma vontade de viver e de ser infinitamente feliz. Fiz a atualização de minha ficha cármica e confirmei que continuo sendo uma pessoa bem difícil, arrogante, autoritária, vaidosa, metida, sebosa e marrenta, mas também sou uma mulher foda, generosa, solidária, inteligente, livre, com uma força ancestral vivíssima dentro de mim, bem-humorada, uma escritora que escreve e oferta palestras sobre assuntos complexos, como Umbanda, racismo,

Salve o matriarcado: manual da mulher búfala

feminismo e direitos humanos, temas fortes que fazem parte de minha essência e alimentam minha alma. Tudo isso me faz ter a certeza de que a fé é o adubo de minha existência, que me sustentou e que me sustenta, que me ergueu e que cresceu e ainda cresce dentro de meu coração junto com a gratidão por tudo o que vivi e vivo.

Há tanta fé e gratidão dentro de mim que só posso agradecer aos orixás, aos ancestrais e a todas as deusas e deuses do universo e distribuir essa fé por meio de minhas ações como matriarca. A função matriarcal é acolher, amar, curar e proteger, e meu ventre ancestral está vivo e grato a tudo o que o universo me oferece como oportunidade de aprendizado. Tenho orgulho de pertencer a uma das poucas religiões no mundo na qual a mulher exercer o cargo de autoridade sacerdotal.

Segui as orientações de Clarissa Pinkola Estés em seu clássico *Mulheres que correm com os lobos* (2018) e fiz da raiva um produto a ser usado a favor das mulheres. As intensas e doces palavras de amor transcritas neste livro foram extraídas do âmago de minha alma e, assim, as oferto a todas as outras mulheres que talvez estejam precisando de força neste momento.

Também segui os conselhos da preta-velha Vovó Joana d'Angola, que me ensinou que é importante contar a própria história e as próprias experiências; que não devemos negá-las nem as omitir, pois podem servir para transformar a vida de outras pessoas.

Como sugestão, além de tudo o que aprendi sobre feminismos e que tentei compartilhar neste livro em forma de escrevivência, sempre em consonância com minha própria experiência, e de tudo que li e aprendi sobre assuntos correlatos, sugiro as dezesseis dicas a seguir para que as mulheres atuais alcancem a felicidade:

1. Foda muito com quem e como você quiser, inclusive com você mesma.
2. Leia muito sobre feminismos. Recomendamos todos os livros das referências deste livro.

3. Estude, assista a vídeos, ouça *podcasts* e siga *tags* sobre feminismos. Aprenda as diferenças básicas entre as diversas teorias feministas, pois isso vai ajudá-la a encontrar a linha de pensamento que a representa e com a qual você melhor se identifica. Eu demorei muito a me compreender feminista, justamente pela falta de identificação com o pensamento feminista com o qual tive um contato inicial.

4. Encontre a sua tribo cósmica ancestral. Ao longo da história da humanidade, as comunidades tribais sempre tiveram a prática religiosa como alicerce e instrumento de sobrevivência. A modernidade, inaugurada pelo Iluminismo misógino, sustentada pelos homens que inventaram a Ciência e que disseram que religião e pensamentos místicos são fraquezas e burrices femininas, culminou em grande atraso para as práticas ancestrais femininas. O longo e doloroso período de caça às bruxas, a escravização e a perseguição das mulheres negras, indígenas e ciganas nos afastou da religiosidade de nossas mães ancestrais, só nos acarretando mais enfraquecimento. Tenha orgulho de sua ascendência étnica e reconecte-se com a sua árvore ancestral, dê continuidade à prática religiosa milenar de seu povo e orgulhe-se disso. Diga não à religião do opressor colonizador que inaugurou a cultura do estupro e da gravidez compulsória como forma de destruir, escravizar e domesticar nossos corpos. Busque tradições religiosas que respeitem a história de suas ancestrais e que preservem e reconheçam o papel de autoridade sacerdotal das mulheres. Somos sábias, somos griôs,[3] anciãs, e devemos sempre buscar mulheres para nos aconselhar e nos fortalecer.

---

3 Segundo o *Dicionário Priberam da Língua Portuguesa* (2008-2020, "relativo a ou pessoa que pertence a uma casta profissional de depositários da tradição oral africana, exercendo funções de poeta, cantor, contador de histórias e músico, a quem são frequentemente atribuídos poderes sobrenaturais (ex.: a banda conjuga o fraseado melódico da tradição griô com elementos de música contemporânea; o cantor pertence a uma família de várias gerações de griôs). Disponível em: https://dicionario.priberam.org/gri%C3%B4. Acesso em: 11 jan. 2021.

5. Colha seu sangue menstrual e devolva-o para a natureza. Plante a lua. Não jogue fora a dádiva da vida. As mulheres que devolvem o sangue para a Mãe Terra, como nossas ancestrais, tornam-se ancestral e energeticamente mais fortes, adoecem menos, desenvolvem melhor a sensibilidade espiritual e começam a amar-se cada vez mais. Tenha muitas plantas em casa e, a cada ciclo, regue-as com o seu sangue. Quando possível, alimente-se delas, retomando o ciclo natural do sagrado feminino. Sugestão de plantas comestíveis: manjericão, hortelã, salsa, sálvia, alecrim, boldo, pimenta, alho, tomate, gengibre etc. Algumas não comestíveis, excelentes para termos em casa: rosas, peregum, guiné, samambaia, jiboia, espada-de-ogum etc.

6. Cuide de seu corpo. Descubra alguma atividade física que te dê prazer, pois nem todo mundo gosta ou se identifica com atividades desportivas. Existem milhares de atividades que lhe farão muito bem, expulsando o ócio e trazendo adrenalina e outros hormônios de bem-estar. O cotidiano é mega estressante, então seu corpo precisa ser ajudado a relaxar. Não negue esse cuidado a ele, pois vai lhe fazer um bem incrível. Sugestões: natação, hidroginástica, caminhada, musculação, yoga, dança, alongamento, lutas, massagens etc.

7. Só tenha filhas(os) quando realmente se sentir preparada. Ouça relatos sobre a maternidade real de pelo menos dez mulheres bem diferentes, e prepare-se para viver uma experiência diferente dos sonhos de novela, uma maternidade concreta que, apesar de ser maravilhosa, não é nada fácil nem simples como a hipocrisia social gosta de sustentar. Se, porventura, você já é mãe por um ato compulsório, por imaturidade ou pela falta de planejamento, busque conciliar, da melhor forma possível, a vida pessoal com a maternidade, para não chegar a um determinado ponto de sua vida sentindo-se frustrada por ter vivido uma vida inteira como mãe e ter deixado de fazer mil coisas de

Manual prático da mulher atual e feliz

que gostaria. Não sobrecarregue a criança com o estresse da maternidade solitária. Busque ajuda de todas as formas possíveis. Mães depressivas comprometem a saúde emocional dos(as) filhos(as). Então, peça e aceite ajuda.

8. Não se sinta pressionada a ter uma pessoa por medo da solidão ou para, simplesmente, dar uma satisfação à sociedade. As estatísticas não são muito animadoras em relação à longevidade dos relacionamentos. É cada vez menor o número de casais, hétero ou homoafetivos, que fica junto por mais de dez anos. Além disso, as minas que curtem homens precisam entender que eles estão a cada dia mais infantis, babacas e safados, pois ainda encontram um número muito alto de mulheres sem consciência feminista à sua disposição para massagear o ego de macho babaca deles. Além disso, é cada vez maior o número de homens gays, o que diminui a quantidade de homens hétero no mercado, mas, na mesma proporção, aumenta o número de mulheres bissexuais e homoafetivas. Por isso, penso que é fundamental rever os conceitos sobre carência e solidão. Se tudo o que a mulher quer é carinho e respeito, isso pode vir de outra mulher ou de um homem trans, com toda a naturalidade do mundo. Sinceramente, acho que não rola fingir que se gosta de homem ou de mulher só por frustração ou carência, mas acho super possível revermos os conceitos que nos enquadram em padrões que nos aprisionam e que não nos permitem pensar sobre o que sentimos, do que gostamos e o que realmente queremos. Para a mulher hétero, penso que há uma pequena esperança: um movimento ainda pequeno de homens que busca aceitar a bestialidade do machismo e entender o que são, afinal de contas, as pautas feministas. Quanto mais feministas e intelectuais nos tornarmos, mais falta sentiremos de companheiros(as) que olhem o mundo com a mesma compreensão, que sejam igualmente inteligentes, menos machistas

Salve o matriarcado: manual da mulher búfala

e mais parceiros(as). Eles existem, só está cada vez mais difícil encontrá-los Enquanto isso, vamos nos divertindo com os que estão disponíveis na praça, mas criando as defesas necessárias, pois, mais cedo ou mais tarde, o patriarcado atávico que existe dentro deles irá nos atravessar de forma direta ou indireta, e precisamos aprender a lidar com isso para não cairmos mais nas ciladas machistas. Uma hora temos de aprender, e a sua hora pode ser agora. Vamos fazer como eles: envolver-nos cada vez menos; distrair-nos cada vez mais. E não se esqueça de usar preservativo e de estar em dia com o método anticoncepcional e com a saúde ginecológica.

9. Aproprie-se mais da medicina tradicional. Comece adotando uma alimentação o mais natural possível, permita-se rever o preconceito sobre alimentação vegetariana e vegana e conheça melhor os benefícios delas para o corpo feminino. O uso de alopáticos é necessário, mas é possível reduzir a necessidade deles por meio de uma alimentação saudável, potencializando o uso de ervas, raízes, chás e medicinas holísticas, como *shiatsu*, acupuntura, *reiki*, massagens, cromoterapia, *thetahealing*, cristaloterapia, escalda-pés, vaporização do útero, homeopatia, astrologia, florais, óleos naturais, pompoarismo, entre outras. Rodas de cura, oficinas de escrita e terapias alternativas são estratégias para repensarmos as formas de autocuidado e não ficarmos reféns da medicina moderna, que é produto do sistema capitalista patriarcal.

10. Enfrente o sistema capitalista, entenda-o, debata-o e posicione-se a favor de todas as formas alternativas de combate. Ele parece um gigante, mas não é tão indestrutível quanto parece. A pandemia de COVID-19, em pleno século XXI, deixou isso ainda mais evidente. Vamos utilizar todas as estratégias de combate ao sistema opressor, como as ecomoedas e a adesão a movimentos como Woman Money, Black Money, Pink

Manual prático da mulher atual e feliz

Money e Indígena Money, que consistem, basicamente, em priorizar o máximo possível nossas compras nas mãos de mulheres, pessoas negras, LGBTQIA+ e indígenas. Historicamente, esses grupos possuem menos dinheiro que os homens héteros, brancos e cristãos; então, essa é uma forma preciosa de enfrentarmos a acumulação do capital nas mãos do opressor que usa o poder econômico para nos oprimir cada vez mais. Não adianta ser feminista e não ser anticapitalista, antirracista e anti-homofóbica.

11. Interesse-se por política e participe dela. Eleja mulheres, pessoas negras, indígenas e LGBTQIA+. *#mulhervotaemmulher*

12. Ouça música o tempo todo, principalmente cantoras e compositoras feministas. Este livro foi todo escrito ao som de muita música, e deixarei aqui a *playlist* que me inspirou nesta escrita — uma contribuição foda das manas que estão compondo e tocando para embalar a nossa luta, curar a nossa alma e incentivar os nossos sonhos.

13. Não ouça músicas com conteúdo machista, racista ou homofóbico, que reproduz xingamentos e preconceitos. Elas ferem nossa estrutura energética e emocional, por mais que tenham ritmos dançantes. Apenas evite; fará bem a você.

14. Vá a médicas e ginecologistas e faça um *check-up*, pelo menos, uma vez ao ano. Sua saúde é sua prioridade e ninguém é feliz sem saúde. Caso precise, faça terapia com uma psicóloga ou uma terapeuta profissional. Não adianta se enganar e dizer que não tem grana, mas no final de semana trocar o tratamento da saúde mental pela cerveja ou pelo vinho. Priorize sua saúde emocional e mental. Pesquise sobre a psicologia preta popular. Tem uma galera boa tornando esse serviço acessível para a população mais pobre.

15. Fale sempre no feminino, e não apenas no masculino. Reportar-se a uma plateia ou a um grupo de pessoas, referindo-se apenas

ao gênero masculino significa invisibilizar as mulheres presentes. Repare que, muitas vezes, elas são maioria nos espaços. Então, diga "Boa noite a TODAS e a todos" daqui em diante, para sempre, OK? O mundo não é dos machos. Somos a maior parte da população, não podemos nos sentir contempladas quando as pessoas se referem apenas ao universo masculino.

16. Sempre leia a biografias de outras mulheres. Por meio do exemplo delas, ganhamos força para superar inúmeros problemas em nossa vida. Ao longo da história, muitas mulheres incríveis foram silenciadas e mortas por se oporem e enfrentarem o sistema patriarcal. Conhecer a história delas nos incentiva a perceber que não estamos sozinhas, que essa luta é antiga e que temos um exército inteiro de mulheres a nos fortalecer e amparar no Aiyê (terra) e no Orum (céu).

Se não conseguir construir estradas, construa pontes!

Manual prático da mulher atual e feliz

Posfácio

Amle Albernaz[1]

Antes de começar a leitura e a revisão do texto que preenche esse livro, pedi licença e benção às minhas ancestrais e às minhas mais velhas, pedi que fosse digna de realizar essa missão e que tivesse orientação e sabedoria para entender a essência das palavras, para sentir a energia transmitida através da conexão entre elas e, só a partir de então, propor qualquer alteração. Para completar a complexidade da situação inédita em que me encontrava como revisora, Mãe Flavia é uma médium psicofônica, o que significa que as entidades falam através de sua voz sem a necessidade de incorporação. A habilidade, o dom com que ela passa adiante tanto os fundamentos religiosos quanto os ensinamentos de vida, todos atravessados por sua própria história como mulher — como mulher negra, mãe, amante, sacerdotisa de Umbanda e socióloga —, sempre me deu a certeza de que nenhuma palavra esteve, alguma vez, fora do lugar.

[1] Amle Albernaz, mestre em Letras Vernáculas pela UFRJ, é feminista, mãe, umbandista, percussionista, professora da rede municipal do Rio de Janeiro e coordenadora do grupo de maracatu Baque Mulher RJ/ZO.

Já fui questionada por algumas pessoas sobre a legitimidade que uma líder religiosa teria para se posicionar em relação a diversos temas sociais e políticos. Antes de aprofundar o debate sobre religiões e poderes, é preciso lembrar que algumas religiões eurocristãs sempre estiveram em posições de poder e privilégio nas sociedades ocidentais, representadas, obviamente, por homens brancos, mas é a mulher negra e macumbeira que tem o protagonismo atacado e desqualificado, apesar de sua propriedade e de seu currículo. Mãe Flavia escreve guiada pelas forças da espiritualidade que transmutam seus sentimentos em palavras, movida pelas dores e pelas alegrias de sua existência feminina, com todas as marcas, com todo o seu corpo, com toda a sua resistência, com todos os seus saberes herdados e construídos; escreve por ela e por nós, escreve porque atende a um chamado.

Reivindicar e ocupar os espaços significa atender a esse chamado ancestral do matriarcado, significar reorganizar as estruturas que nos oprimem a partir de nós mesmas. De que forma fazemos isso no apertado dos "corres" do dia a dia, entre tantas tarefas, entre tantas funções? A ancestralidade e a experiência nos mostram que o caminho é estarmos juntas.

Identificar e reconhecer as diversas formas de opressão sofridas pelas mulheres são etapas fundamentais para o processo de interrupção dos ciclos de violência aos quais somos submetidas desde que o patriarcado nos foi imposto como sistema de poder econômico, político e social. Desnaturalizar as violências cotidianas, aquelas que nos acometem desde a infância e que nos ensinam a aceitar como condição inata da existência feminina é tarefa obrigatória de todas as pessoas que se preocupam com a construção de novas relações justas e igualitárias e com o destino da humanidade. Combater os machismos diários que atravessam e destroem gerações é tarefa de todas, todes e todos, assim como a leitura deste livro, que apresenta propostas potencialmente transformadoras por meio de análises históricas e sociológicas sensivelmente construídas pela autora a partir de suas práticas ativistas e suas experiências de vida.

Pelo resgate do matriarcado roubado. Pela vida das mulheres. Sejamos todas mulheres búfalas!

Referências bibliográficas

ADICHIE, Chimamanda Ngozi. *Para educar crianças feministas*: um manifesto. São Paulo: Companhia das Letras, 2017.

AKOTIRENE, Carla. *O que é interseccionalidade?*. Belo Horizonte: Letramento, 2018.

BACHOFEN, J.J. *El matriarcado*. Madri: Akal Universitária, 1987.

BARBOSA, Amanda Espíndola. Violência contra a mulher: legislação nacional e internacional. *In: Jusbrasil*. [S. l.], 20 jun. 2013. Disponível em: https://eduardocabette.jusbrasil.com.br/artigos/121937941/violencia-contra-a-mulher-legislacao-nacional-e-internacional-por-amanda-espindola-barbosa. Acesso em: 11 jan. 2021.

BEAUVOIR, Simone de. *O segundo sexo*. 2 ed. Rio de Janeiro: Nova Fronteira, 2012.

BORGES, Juliana. *Encarceramento em massa*. São Paulo: Pólen, 2019.

CARDOSO, Cláudia. Amefricanizando o feminismo: o pensamento de Lélia Gonzalez. *Revista Estudos Feministas*, Florianópolis, v. 22, n. 3, p. 965-986, set./dez. 2014. Disponível em: https://www.scielo.br/pdf/ref/v22n3/15.pdf. Acesso em: 11 jan. 2021.

CÂMARA DOS DEPUTADOS (Brasil). Nova Composição da Câmara. *In: Portal da Câmara dos Deputados*. Brasília, 2019. Disponível em: https://

www.camara.leg.br/internet/agencia/infograficos-html5/composicaocamara2019/index.html. Acesso em: 11 jan. 2021.

COLLINS, Patricia Hill. *Pensamento feminista negro*: conhecimento, consciência e a política do empoderamento. São Paulo: Boitempo, 2019.

DAVIS, Angela. *Mulheres, raça e classe*. São Paulo: Boitempo, 2016.

ENGELS, Friedrich. *A origem da família, da propriedade privada e do Estado*. Rio de Janeiro: Civilização Brasileira, 1984.

ESTÉS, Clarissa Pinkola. *Mulheres que correm com os lobos*. Rio de Janeiro: Rocco, 2018.

FEDERICI, Silvia. *Calibã e a bruxa*: mulheres, corpos e acumulação primitiva. São Paulo: Elefante, 2019.

FOUCAULT, Michel. *Microfísica do poder*. 28 ed. Rio de Janeiro: Paz & Terra, 2014.

FRANCISCO, Mônica. A dororidade e a dor que só as mulheres negras reconhecem. *In*: *Portal Geledés*. [S. l.], 23 dez. 2017. Disponível em: https://www.geledes.org.br/dororidade-e-dor-que-so-as-mulheres-negras-reconhecem/. Acesso em: 11 jan. 2021.

GONZALEZ, Lélia. *Por um feminismo afro-latino-americano*. Rio de Janeiro: Zahar, 2020.

GOMES, Nilma Lino. *O movimento negro educador*: saberes construídos nas lutas por emancipação. Petrópolis: Vozes, 2017.

GUEDES, Mª Eunice Figueiredo. Gênero, o que é isso?. *Psicologia*: ciência e profissão, Brasília, v. 15, n. 1-3, p. 4-11, 1995. Disponível em: https://www.scielo.br/scielo.php?script=sci_arttext&pid=S1414-98931995000100002. Acesso em: 11 jan. 2021.

KOLTUV, Barbara Black. *O livro de Lilith*: o resgate do lado sombrio do feminino universal. São Paulo: Cultrix, 2017.

KRAMER, Heinrich; SPRENGER, James. *O martelo das feiticeiras*. 29 ed. Rio de Janeiro: Rosa dos Tempos, 2020.

JESUS, Carolina Maria de. *Quarto de despejo*: diário de uma favelada. 10 ed. Rio de Janeiro: Ática, 2019.

LORDE, Audre. *Irmã outsider*: ensaios e conferências. São Paulo: Autêntica, 2019.

MÉNDEZ, Luis Bonino. *Micromachismos*: la violencia invisible en la pareja. Madri: [s. n.], 1998. 19 p. Disponível em: https://primeravocal.org/wp-content/uploads/2011/07/micromachismos_la-violencia-invisible-en-la-pareja.pdf. Acesso em: 22 nov. 2020.

MOORE, Carlos. *Racismo e sociedade*: novas bases epistemológicas para entender o racismo. Belo Horizonte: Mazza, 2007.

NJER, Aza. Vamos falar sobre Mulherismo Africana?. *In*: *Alma Preta*: jornalismo preto e livre. São Paulo, 28 jan. 2020. Disponível em: https://almapreta.com/editorias/o-quilombo/vamos-falar-sobre-mulherismo-africana. Acesso em: 11 jan. 2021.

NOVELLINO, Maria Salet Ferreira. Os estudos sobre feminização da pobreza e políticas públicas para mulheres. *In*: ENCONTRO NACIONAL DE ESTUDOS POPULACIONAIS, XIV., 2004, Caxambú. *Anais* [...]. Caxambú: ABEP, 2004. p. 1-12. Disponível em: http://www.abep.org.br/publicacoes/index.php/anais/article/viewFile/1304/1268. Acesso em: 11 jan. 2021.

OLIVEIRA, Fernanda Chamarelli de. O matriarcado e o lugar social da mulher em África: uma abordagem afrocentrada a partir de intelectuais africanos. *ODEERE*: revista do programa de pós-graduação em Relações Étnicas e Contemporaneidade, Jequiezinho, v. 3, n. 6, p. 316-339, 2018. Disponível em: https://periodicos2.uesb.br/index.php/odeere/article/view/4424/3618. Acesso em: 11 jan. 2021.

PEASE, Allan; PEASE, Barbara. *Por que os homens fazem sexo e as mulheres fazem amor?*. Rio de Janeiro: Sextante, 2011.

PESTE Negra. *In*: *Wikipédia*: a enciclopédia livre. [S. l.], 2004. Disponível em: https://pt.wikipedia.org/wiki/Peste_Negra. Acesso em: 11 jan. 2021.

PIEDADE, Vilma. *Dororidade*. São Paulo: Nós, 2017.

PINTO, Flavia. *Levanta, favela!*: vamos descolonizar o Brasil. Rio de Janeiro: Conexão 7, 2019.

RIBEIRO, Djamila. *Quem tem medo do feminismo negro?*. São Paulo: Companhia das Letras, 2018.

Referências bibliográficas

SANTOS, Ana Paula. Sororidade: por que precisamos falar sobre isso?. *In*: *Politize!*. [S. l.], 23 mar. 2020. Disponível em: politize.com.br/sororida-de. Acesso em: 11 jan. 2021.

TIBURI, Marcia. *Feminismo em comum*: para todas, todes e todos. 9 ed. Rio de Janeiro: Rosa dos Tempos, 2018.

TRAMONTINA, Mariana. Mulheres só querem se divertir: feminismo. *In*: UOL. *TAB*. 19. ed. S.l., [20--?]. Disponível em: https://tab.uol.com.br/fe-minismo/. Acesso em: 11 jan. 2021.

Playlist

Essas são algumas das cantoras que me inspiraram durante a escrita deste livro. Inspire-se também!

- Alcione
- Bia Doxum
- Clara Nunes
- Duda Beat
- Elis Regina
- Elza Soares
- Flora Matos
- Gal Costa
- Iza
- Karol Conká
- Ludmilla
- Luedji Luna
- Maria Bethânia
- Maria Rita
- Mart'nália
- Mayra Andrade
- Olivia
- Pitty
- Sade
- Teresa Cristina

Este livro foi composto com a
tipografia Calluna 11/16 pt e impresso
sobre papel pólen bold 90 g/m²